● 国家社科基金重大项目"特色农业赋能增收长效机制构建研究"（编号：21&ZD091）

● 浙江省哲学社会科学规划"党的十九届六中全会和省委十四届十次全会精神研究阐释"专项课题一般项目"浙江数字化改革的历史逻辑、理论逻辑和实践逻辑研究"（编号：22LLXC21YB）

● 浙江省属高校基本科研业务费专项资金"数字乡村包容性发展的机理、模式与长效机制构建研究"（编号：GK229909299001-216）

● 浙江省自然科学基金项目"数字乡村建设对共同富裕的影响及其长效机制构建研究"（编号：LQ23G030007）

数字社会科学丛书编委会

总顾问

吴朝晖（科技部副部长、中国科学院院士）

主　编

黄先海（浙江大学副校长、教授）

编　委

魏　江（浙江大学管理学院院长、教授）

周江洪（浙江大学社会科学研究院院长、教授）

胡　铭（浙江大学光华法学院院长、教授）

韦　路（浙江大学传媒与国际文化学院院长、教授）

张蔚文（浙江大学公共管理学院副院长、教授）

马述忠（浙江大学中国数字贸易研究院院长、教授）

汪淼军（浙江大学经济学院中国数字经济研究中心主任、教授）

"十四五"时期国家重点出版物出版专项规划项目

数字社会科学丛书

国家出版基金项目
NATIONAL PUBLICATION FOUNDATION

理论与实践

数字乡村建设

郭红东　曾亿武　曲江　著

Digital
Countryside Construction
Theory and Practice

ZHEJIANG UNIVERSITY PRESS
浙江大学出版社
·杭州·

图书在版编目（CIP）数据

数字乡村建设：理论与实践 / 郭红东，曾亿武，曲江著. -- 杭州：浙江大学出版社，2023.5
（数字社会科学）
ISBN 978-7-308-23750-5

Ⅰ. ①数… Ⅱ. ①郭… ②曾… ③曲… Ⅲ. ①农村－社会主义建设－数字技术－应用－研究－中国 Ⅳ. ①F320.3-39

中国国家版本馆CIP数据核字(2023)第076575号

数字乡村建设：理论与实践

郭红东　曾亿武　曲江　著

策划编辑	张　琛　吴伟伟　陈佩钰
责任编辑	马一萍
责任校对	陈逸行
封面设计	浙信文化
出版发行	浙江大学出版社
	（杭州市天目山路148号　　邮政编码　310007）
	（网址：http://www.zjupress.com）
排　　版	杭州林智广告有限公司
印　　刷	杭州宏雅印刷有限公司
开　　本	710mm×1000mm　1/16
印　　张	15.75
字　　数	200千
版 印 次	2023年5月第1版　2023年5月第1次印刷
书　　号	ISBN 978-7-308-23750-5
定　　价	88.00元

总　序

在这个面临百年未有之大变局的时代，在这个数字技术席卷全球的时代，在这个中国面临伟大转型的时代，以习近平同志为核心的党中央放眼未来，在数字经济、数字治理、数字社会等方面做出重大战略部署。《中华人民共和国国民经济和社会发展第十四个五年规划和 2035 年远景目标纲要》第五篇"加快数字化发展　建设数字中国"强调，"迎接数字时代，激活数据要素潜能，推进网络强国建设，加快建设数字经济、数字社会、数字政府，以数字化转型整体驱动生产方式、生活方式和治理方式变革"。2021 年 10 月，在中共中央政治局第三十四次集体学习之际，习近平总书记强调："数字经济发展速度之快、辐射范围之广、影响程度之深前所未有，正在成为重组全球要素资源、重塑全球经济结构、改变全球竞争格局的关键力量。"[1]

随着数字技术不断发展和数字化改革的不断深入，数字经济已经成为驱动经济增长的关键引擎，数字技术正逐步成为推动国家战略、完善社会

---

[1]　把握数字经济发展趋势和规律 推动我国数字经济健康发展.人民日报，2021-10-20（1）.

治理、满足人们美好需要的重要手段和工具。但与此同时，社会科学的理论严重滞后于数字化的伟大实践，面临着前所未有的挑战。无论是基本理论、基本认知，还是基本方法，都面临深层次重构，亟须重新认识社会科学的系统论、认识论和方法论，对新发展阶段、新发展理念和新发展格局有深刻的洞察。

　　浙江大学顺应全球科技创新趋势和国家创新战略需求，以"创建数字社科前沿理论，推动中国数字化伟大转型"为使命，启动数字社会科学会聚计划。数字社会科学会聚计划将以中国数字化转型的伟大实践为背景，以经济学、管理学、公共管理学、法学、新闻传播学等学科为基础，以计算机和数学等学科为支撑，通过学科数字化和数字学科化，实现社会科学研究对象、研究方法和研究范式的数字化变革。本会聚计划聚焦数字经济、数字创新、数字治理、数字法治、数字传媒五大板块。数字经济和数字创新将关注数字世界的经济基础，研究数字世界的经济规律和创新规律；数字治理和数字法治关注数字世界的制度基础，研究数字世界的治理规律；数字传媒关注数字世界的社会文化基础，研究数字世界的传播规律。在此基础上，会聚计划将推动数字科学与多学科交叉融合，促进新文科的全面发展，构建世界顶尖的数字社会科学体系，打造浙江大学数字社科学派，推动中国数字化的伟大转型。

　　依托数字社科计划，集结浙江大学社会科学各学科力量，广泛联合国内其他相关研究机构，我们组织编撰出版了这套"数字社会科学"丛书。以"数字＋经济""数字＋创新""数字＋治理""数字＋法治""数字＋传媒"等为主要研究领域，将优秀研究成果结集出版，致力于填补数字与社会科学跨学科研究的空白；同时，结合数字实践经验，为当前我国数字赋能高质量发展提供政策建议，向世界展示中国在"数字赋能"各领域的探索与实践。

　　本丛书可作为国内系统性构建数字社会科学学科研究范式的一次开拓性的有益尝试。我们希望通过这套丛书的出版，能更好地在数字技术与社会科学之间架起一座相互学习、相互理解、相互交融的桥梁，从而在一个更前沿、更完整的视野中理解数字经济时代社会科学的发展趋势。

黄先海

2022 年 4 月

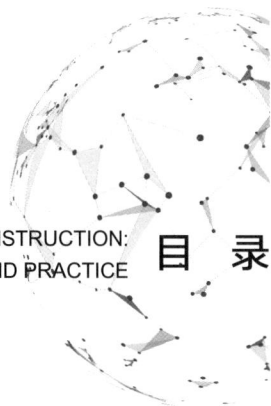

| 第一章 |

数字乡村建设概论

| 第二章 |

数字乡村建设与乡村振兴：数字赋能视角

| 第六章 |

数字乡村建设与城乡数字鸿沟：智慧城市建设视角

| 第七章 |

数字乡村建设典型案例：以浙江省为例

| 第八章 |

总结与展望

| 第一章 |

数字乡村建设概论

信息化是推进农业农村现代化的重要手段。2005 年中央"一号文件"首次提出"加强农业信息化建设",标志着国家对农业信息化的重视上升至顶层设计层面的高度。此后,中国积极开展农业农村信息化的探索,覆盖农业信息技术研发、农业综合信息服务平台建设、农业信息收集与发布、信息进村入户工程实施、农村电子商务及农民手机培训等方面。然而,中国农业农村信息化发展水平总体不高,整体进展和成效还不是十分理想,农业农村信息化发展不平衡不充分的问题较为突出,城乡数字鸿沟依然显著存在,各行业、各领域、各环节和各地区间的发展差距较大,严重制约了农业农村信息化的进一步发展。

站在新的历史节点上,中央密集部署,加快数字乡村建设为新时期全面推进农业农村信息化发展提供了战略导向和工作指引。2018 年,中央"一号文件"首次提出"实施数字乡村战略",标志着我国农业农村信息化进入了全面提升的数字乡村建设新阶段。2019 年,中央"一号文件"强调"加强国家数字农业农村系统建设",中共中央办公厅、国务院办公厅印发《数字乡村发展战略纲要》。2020年，农业农村部、中央网络安全和信息化委员会办公室联合制定了《数字农业农村发展规划（2019—2025年）》，中央"一号文件"要求"开展国家数字乡村试点"。2021年，中央"一号文件"要求"实施数字乡村建设发展工程"。2022年，中央网信办等十部门联合印发《数字乡村发展行动计划（2022—2025年）》。

自中央提出数字乡村发展战略后，国内学者对数字乡村建设的作用机理与推进逻辑（彭超，2019；王胜等，2021）、数字乡村发展就绪度评价（张鸿等，2020）、智慧乡村评价指标体系（常倩、李瑾，2019）、乡村数字经济指标体系设计（崔凯、冯献，2020）、数字乡村建设赋能农业高质量发展（夏显力等，2019）、数字乡村治理的实践逻辑（沈费伟、袁欢，2020）、农业农村数字化转型的现实表征与推进策略（殷浩栋等，2020）、典型发达国家数字乡村发展模式总结与比较分析（梅燕等，2021）、农民数字乡村实践参与度评估及驱动因素（苏岚岚等，2021）等议题进行了探讨，提出了一些建设性论断，为后续研究提供了有益借鉴。但是，数字乡村建设的研究才刚刚起步，作为新生领域，数字乡村建设的相关科学研究有必要从为什么要建设数字乡村、什么是数字乡村建设、数字乡村建设包含哪些内容、数字乡村建设的理论逻辑是什么、数字乡村该如何建设等最基本的问题着手。本书归纳阐述中国数字乡村建设的战略意义、概念框架、理论逻辑和基本路径，以促进形成具有广泛导向意义的基本认识，奠定该领域话语体系构建的基础。

一、数字乡村建设的战略意义

充分认识和深刻把握数字乡村发展战略实施的重大意义，有助于明确历史使命，坚定发展方向，增强奋斗决心，提高执行标准，统一行动意志。中国数字乡村发展战略是在立足"三农"、对标城市、审视全国、放眼世界、承前启后、继往开来的基础上提出的，具有深远的现实意义。

（一）建设数字乡村是实现乡村全面振兴的迫切需要

实施乡村振兴战略，是新时代"三农"工作的总抓手。实施乡村振兴战略就是按照"产业兴旺、生态宜居、乡风文明、治理有效、生活富裕"的总要求，全面实现乡村产业振兴、人才振兴、文化振兴、生态振兴、组织振兴。乡村振兴是一项系统性工程（黄祖辉，2018），而数字技术能够渗透到乡村经济社会的方方面面，发挥对资源配置的集成与优化作用，带来颠覆性创新，助力挖掘不同类型农村地区的特色和优势，拓宽乡村振兴的通道。数字乡村建设是乡村振兴的新阶段、新形态、新引擎、新基座，以数字技术创新为乡村振兴提供核心驱动力，通过数字化赋能加速重构乡村经济社会的发展模式，最终促进乡村经济社会完成转型升级。

（二）建设数字乡村是促进城乡融合发展的有效途径

促进城乡融合发展是实施乡村振兴战略，推进新型城镇化，实现全面建成小康社会的一项重大任务。城乡融合发展追求城乡共生共建共享共荣，强调双向互动、深度融合，要求实现城乡居民基本权益平等化、城乡公共服务均等化、城乡居民收入均衡化、城乡要素配置合理化、城乡产业发展融合化（张海鹏，2019；魏后凯，2020）。应用数字技术不仅可以打通城乡之间的商品流通与服务贸易，促进城乡之间资金、人才、技术等要素的双向流动，还能使农村居民的思想观念、能力素养、组织形态和生活方式发生显著改善，使农村居民更好地共享国民经济发展红利和现代技术进步成果。建设数字乡村，有助于促进全面重塑城乡关系，推动形成城乡生命共同体。

（三）建设数字乡村是实施数字中国战略的主要根基

习近平总书记在致首届数字中国建设峰会开幕的贺信中指出："加快数字中国建设，就是要适应我国发展新的历史方位，全面贯彻新发展理念，以信息化培育新动能，用新动能推动新发展，以新发展创造新辉煌。"（习近平，2018）数字中国战略思想为把握信息革命历史机遇、加强网络安全和信息化工作、加快建设数字经济强国指明了前进方向，提供了根本遵循。数字乡村是数字中国的有机构成部分，但与智慧城市建设相比，数字乡村建设明显滞后，数字经济在农业中的占比远低于工业和服务业，成为数字中国建设的突出短板。《中国数字乡村发展报告（2019 年）》显示，2018 年中国数字经济规模占 GDP 比重达 33%，而农业数字经济规模占第一产业增加值比重仅为 7.3%[①]。因此，必须加快数字乡村建设，催生和培育农业农村新业态、新模式，为实现网络强国和农业农村现代化提供有力支撑。实施数字乡村战略，还可强化农村基层治理工作，提升乡村治理体系和治理能力现代化水平，筑牢数字中国的发展功底和治理根基。

---

① 数据来源于农业农村信息化专家咨询委员会编制的《中国数字乡村发展报告（2019年）》。

（四）建设数字乡村是增强国际竞争实力的必要举措

国际竞争说到底是科技与人才的竞争。在全球经济增长乏力的背景下，数字经济在提升全要素生产率和促进传统产业提质增效方面表现出卓越成效，呈现逆经济增长态势，被认为是全球经济增长的新源泉和撬动经济发展的新杠杆。发展数字经济成为全球共识，多个国家将数字乡村建设作为战略重点和优先发展方向，试图加快实现数字经济与农业农村的深度融合。中国应该积极抓住历史机遇，努力抢占新经济的制高点。建设数字乡村，有助于扩大数字技术的商业化应用市场，激发信息产业纵深发展，培育更多数字人才，激励数字人才下乡投资与服务，引导外出务工求学人员返乡创业就业，促进农村劳动力结构优化，改善农村人力资本，转变农业生产方式，提高农业科技含量，对增强中国在科技、人才、农业等领域的国际竞争实力具有重要的支撑作用。

（五）建设数字乡村是应对全球复杂形势的必然选择

在经历了短暂的复苏后，当前世界经济增长总体上动能不足、速度持续放缓，尤其是 2020 年初暴发的新冠疫情，给全球经济社会造成了较大的冲击，全球经济持续下滑，金融市场剧烈波动。全球疫情和世界经济形势依然复杂严峻，国际政治局势波谲云诡，国际贸易关系不断演化。应对政治关系、贸易摩擦等方面的挑战，中国必须集中力量办好自己的事，着力构建以国内大循环为主体、国内国际双循环相互促进的新发展格局。在新发展格局下，农业农村既是供给的主力，也是消费的腹地。在数字经济的驱动下，乡村正在成为生产与消费的一个新兴地理空间。建设数字乡村，一方面，有助于加快释放数字技术对农业稳基础、保供应、提质量、增效益的赋能力量，保障粮食安全，促进农业多功能性发挥；另一方面，有助于加快打通内循环的堵点，促进释放县乡市场的巨大内需潜力，形成城乡双循环互相促进、区域多循环融合发展的国内大循环格局。

二、数字乡村建设的概念框架

《数字乡村发展战略纲要》开篇指出："数字乡村是伴随网络化、信息化和数字化在农业农村经济社会发展中的应用，以及农民现代信息技能的提高而内生的农业农村现代化发展和转型进程。"该定义凝练简洁，基本涵盖了数字乡村建设的关键要义。在此，本书尝试对其进行适当的拓展，提出一个更加清晰的概念：数字乡村建设是通过加强整体规划与配套，推进现代信息技术在农业农村经济社会发展中的综合应用，提高农村居民现代数字素养，以增强乡村内生发展能力的农业农村现代化新进程。具体而言，中国数字乡村建设的概念主要包含五个方面的内涵特征。

（一）数字乡村建设的本质属性是农业农村现代化新进程

中国正处于奋力开启全面建设社会主义现代化国家新征程的历史节点。农业农村现代化是社会主义现代化建设的重要组成部分，其基本要义是将传统农业和落后农村社会转变成为现代农业和先进农村社会。现代化理论认为，现代化进程具有阶段性，现代化的内容、方式和路径是与时俱进、动态调整的（张红宇等，2015）。在"四化同步"的理论框架中，农业农村现代化是基础，信息化是灵魂，信息化渗透于农业农村现代化的进程中（徐维祥等，2017）。自20世纪80年代电脑大规模普及应用以来，人类社会先后经历了以单机应用为主要特征和以互联网应用为主要特征的两次信息化高速发展浪潮。如今，信息化正处于第三次发展浪潮，数字资源已日益成为基础性和关键性战略资源（彭超，2019）。数字乡村归根结底是以数字技术和产业引领的农业农村现代化综合体，数字乡村建设将推动中国农业农村现代化实现新突破。

（二）推进现代信息技术的综合应用是数字乡村建设的基本特征

中国信息产业的快速发展和数字技术创新的不断进步，互联网、物联网、云计算、大数据、人工智能、区块链等现代信息技术日渐成熟并开始融合互补，使得农业农村信息化从单项技术的局部应用转向多元技术的大范围综合应用成为可能（李瑾等，2015）。与单个方面的农业农村信息化（比如农村电子商务）所不同的是，数字乡村建设就是要通过推进现代信息技术的综合应用，实现农业全产业链信息化和农村社会全方位信息化。只有大力推进现代信息技术产品的集成开发与综合应用，将其贯穿于农业产业的全要素、全过程以及农村社会的各个方面，才能真正实现农业全产业链的改造升级和农村社会的整体质变，从而实现农业农村现代化朝着高质量发展的方向前进。

（三）加强整体规划与配套是数字乡村建设的必然举措

数字乡村战略的实施，标志着中国农业农村信息化发展进入了一个统筹推进的新阶段。这也意味着，顶层设计的政策脉络必然会沿着从注重单一技术提升向注重多元技术综合应用转变，从主要部署单方面数字化转型向重视部署全方位数字化转型转变，涉及的范围更广、标准更高，要求的进度更快、实效更佳。推进数字乡村建设，首先要加强整体规划，出台更多全面部署数字乡村建设的综合性政策文件，针对数字乡村某个方面的发展而制定的专项政策文件必须建立在数字乡村建设整体规划的基础上；其次要加大财政资金与人力的配套力度，大幅增加公共财政投入，调动数字产业资本下乡，统筹安排资金，做好优先保障，加强资金监管，理顺部门权责，增加人员配备，引进数字化专业人才。

（四）提高农村居民信息素养与技能是数字乡村建设的重要内容

数字乡村建设要始终坚持以人为本，农村居民理应是数字乡村建设最重要的参与主体和受益对象。由于受到多种因素的制约，农村居民现代信息技术的使用素养与能力总体水平偏低（阮荣平等，2017）。与城镇居民相比，农村居民在使用信息技术进行资源获取、经营管理、在线教育、远程医疗、互联网理财等方面的能力明显不足，尤其是中西部边远落后县乡的群众，他们对信息技术的知晓率、认知度和利用意识水平较低，对个人隐私安全、防范网络诈骗和有序参与虚拟社区没有概念，出现一些非理性甚至是非法的无序参与行为。中国家庭追踪调查（CFPS）数据计算显示，2018年城镇居民在上网人数比重、上网时长、使用互联网开展各种活动的频率以及网上购物花费等方面显著领先于农村居民。加快数字乡村建设，必然要将农村居民数字素养的提高作为重要内容，积极创造条件，满足农村居民的信息需求，利用信息技术提升农村居民的人力资本，增强农村居民利用信息技术开展生产、管理、学习、社交、理财、商贸、采购等活动的素养与能力，让农村居民切实享受信息红利。

（五）数字乡村建设的关键作用是增强乡村内生发展能力

新增长理论认为，技术外部性、人力资本溢出效应等因素能够内生地促进技术进步，从而保证经济能够在不依赖于外力的情况下实现持续性增长（Romer，1986）。加快数字乡村建设，就是要通过推进数字技术下沉到乡村地区，发挥数字技术对产业、空间、主体、资源的强大赋能作用和外溢效应（殷浩栋等，2020），激发乡村内生发展能力，形成良性因果循环累积效应，有效促进乡村振兴和可持续发展。通过数字乡村建设，加快开发和利用乡村数字资源，做到数字资源取之于农业、用之于农业，取之于农民、用之于农民，取之于农村、用之于农村，从而增强乡村地区发展选择由本地决定、发展过程由本地控制、发展收益保留在本地以及能够充分获取外部市场利润的内生发展能力（马荟等，2020）。

紧扣数字乡村建设的概念与内涵特征，结合《数字乡村发展战略纲要》《数字农业农村发展规划（2019—2025 年）》《浙江省数字经济促进条例》《浙江省数字乡村建设实施方案》等文件精神，本书提出一个中国数字乡村建设的内容框架，如表 1-1 所示。数字乡村建设在内容上可划分为五大维度：乡村数字基础设施建设、乡村数据资源开发与管理、乡村数字服务产业化、乡村产业数字化、乡村治理数字化。具体地，乡村数字基础设施建设包含两个方面内容：一是乡村地区信息网络基础设施的普及化，主要包括宽带通信网、移动互联网、数字电视网等，该项工作一直在进行，到了数字乡村建设阶段，仍要继续开展下去，目标是实现全覆盖、高质量、低资费的普及化；二是水利、交通、能源、电力、物流等传统基础设施的数字化改造，要加快发展乡村地区的智慧水利、智慧交通、智慧能源、智慧电力和智慧物流。乡村数据资源开发与管理是指培育发展覆盖农业农村的数据要素市场，促进大数据开发利用和产业发展，做好数据共享、交易、监督和管理，保障数据安全。其现阶段重点任务是推进重要农产品全产业链大数据建设、农田"一张图"建设、数字乡村"一张图"建设、农产品质量安全追溯管理信息平台建设、农药和兽药基础数据平台建设，以及电商数据产品的开发与应用。乡村数字服务产业化是指为推动现代信息技术在乡村地区的市场化应用而形成的技能培训、代运营、小程序开发等数字服务业及其空间载体①。县域数字产业园区是通过提供完善配套和优越办公环境而吸引专业数字服务商入驻的重要空间载体②，分布在县城，辐射到乡村，是商品流、资金流、信息流和人才流的重要交汇和集聚点。乡村产业数字化是指利用现代信息技术对农业、乡村制造业及乡村服务业等产业进行数字化改造，主要包括数字农业、乡村数字工厂、农村电商、智慧旅游、数字普惠金融、远程医疗、远程教育、智慧养老、数字文创等方面。乡村治理数字化是指利用现代信息技术实现乡村政治、经济、文化、社会、生态等领域治理机制、方式和手段的数字化改造。乡村治理数字化可归结为数字政务和智慧村务两个方面，前者是指农村居民在政府公共服务上实现从"最多跑一次"到"一次都不用跑"转变，足不出户便可完成相关事务的线上办理，以及政府在公共管理上依托物联网、区块链等技术实现教育、医疗、交通、邮政、

① 一般意义上的数字产业化是指现代信息技术通过市场化应用，形成电子信息制造业、软件和信息技术服务业、电信广播卫星传输服务业和互联网服务业等数字产业。对于乡村地区而言，直接形成电子信息制造业、软件制造、信息技术研发等产业是不现实的，这些数字产业主要分布在城市，与乡村相关的数字产业化是在信息服务业方面。
② 需要补充说明的是，县域数字产业园区是吸引专业数字服务商入驻的重要空间载体，并不意味着专业数字服务商是唯一的入驻主体。产业园区通常是各种产业主体和配套服务主体共同聚集在一起，以增强协作和溢出效应。但是对于县域数字产业园区而言，吸引专业数字服务商入驻在其运营框架中占有重要的地位。

生态环境保护、文化遗产、药品监管、工程建设、公共安全等重点领域和行业的数字化监管；后者是指村集体组织实现基层数字化治理，包括基层党建、民主选举、村务公开、农村集体资产管理等方面的数字化应用。总而言之，数字乡村建设是一个大型系统性工程，承载着众多的内容和任务，其直接目的就是通过推进现代信息技术的综合应用，实现农业农村全链条、全要素、全过程、全角度、全方位的改造（见表1-1）。

表1-1 中国数字乡村建设的内容框架

基本维度	具体定义	主要方面
乡村数字基础设施建设	乡村地区信息网络基础设施普及化以及传统基础设施的数字化改造	宽带通信网、移动互联网、数字电视网、智慧水利、智慧交通、智慧能源、智慧电力、智慧物流等
乡村数据资源开发与管理	培育发展覆盖农业农村的数据要素市场，促进大数据开发利用和产业发展，做好数据共享、交易、监督和管理，保障数据安全	重要农产品全产业链大数据、农田建设"一张图"、数字乡村"一张图"、农产品质量安全追溯管理信息平台、农药和兽药基础数据平台、电商数据产品等
乡村数字服务产业化	为推动现代信息技术在乡村地区的市场化应用而形成的技能培训、代运营、小程序开发等数字服务业及其空间载体	县域数字产业园区（服务商入驻）
乡村产业数字化	利用现代信息技术对农业、乡村制造业、乡村服务业等产业进行数字化改造	数字农业、乡村数字工厂、农村电商、智慧旅游、数字普惠金融、远程医疗、远程教育、智慧养老、数字文创等
乡村治理数字化	利用现代信息技术实现乡村政治、经济、文化、社会、生态等领域治理机制、方式和手段的数字化改造	数字政务、智慧村务

三、数字乡村建设的理论逻辑

理论基础是人们在各种物质性和精神性的实践活动中的思想观念基础或出发点。理论基础与事实依据一道为解决问题或做出决策提供依托。以经典理论为基础，梳理数字乡村建设的理论逻辑，有助于从理论层面上为数字乡村建设的实践探索提供方向指南和行动坐标。客观上可能存在诸多理论与数字乡村建设密切相关，本书在此仅阐述协同理论、信息可视化理论和内源式发展理论①。

（一）协同理论

协同理论（Synergetics）由德国学者赫尔曼·哈肯（Hermann Haken）于 1977 年提出，其用意是反映复杂系统与子系统间以及子系统与子系统间相互影响而又相互合作的协调关系。协同理论揭示了从自然界到人类社会各种系统的共同演变规律，为推进系统性建设提供了根本性指导。哈肯认为，协同效应源于系统内部的差异性。正是由于这些差异性的存在，各子系统间的相互合作与协调一致可以使系统产生出微观层次所无法实现的新的系统结构和功能。而协同的结果是自组织地产生出系统的有序时空结构和功能，或者从一种低水平的有序状态走向新的更高水平的有序状态。越是复杂的系统，其内部子系统之间协调的必要性越强、要求越高，所产生

---

① 本书从数字乡村建设的内涵特征出发进行理论匹配，最终选择了这三个经典理论。其中，协同理论对应"推进现代信息技术的综合应用是数字乡村建设的基本特征"和"加强整体规划与配套是数字乡村建设的必然举措"这两点内涵特征，信息可视化理论对应"提高农村居民信息素养与技能是数字乡村建设的重要内容"这一内涵特征，内源式发展理论对应"数字乡村建设的关键作用是增强乡村内生发展动力"这一内涵特征。

的协同效应也越大（范如国，2014）。协同理论还将影响系统演化的因素划分为快变量和慢变量，后者又称为序参量。快变量使系统在旧秩序上稳定下来，而序参量使系统脱离旧秩序，走向新结构，它们相互联系、相互制约。序参量的大小可以用来衡量宏观有序的程度，当系统是无序的或者完全属于旧秩序时，序参量为零；当外界条件变化时，序参量也随之变化，当到达临界点时，序参量增长到最大，此时出现了一种宏观有序或者新的更高水平的结构。也就是说，事物的演化进度受序参量的控制，演化的最终结构和有序程度取决于序参量。协同理论自提出以后，逐渐得到广泛运用，在人文社会科学中，主要被引入创新管理、公共治理等领域，产生了协同创新、协同治理等重要理念（McGuire，2006）。

协同理论是中国数字乡村建设最重要的理论基础之一。数字乡村建设是一个庞大而复杂的系统性工程，其内部存在非常多的差异性，具有巨大的协同潜力。国家提出数字乡村发展战略，就是要统筹推进农业农村信息化，充分挖掘蕴含其中的协同效应，形成数字化协同创新和数字化协同治理两大核心驱动力，创造出数字化时代的农业农村新秩序和新结构（见图1-1）。根据系统内部的现实差异性情况，中国数字乡村建设可重点从以下几个方面挖掘协同效应：一是主体协同。数字乡村建设是一个多元主体共同参与、协同推进的过程，要促成多元主体的广泛参与，明确各主体的角色定位和职责，充分激发各主体的积极性和创造力，形成多元主体协同共进的局面。主体协同，既包括政府、企业、合作社、行业协会、高校和科研机构、村集体、农村居民等不同类主体之间的协同，还包括同类主体内部的协同，例如政府主体的内部协同包括中央与地方的协同、地方政府之间的协同以及政府部门之间的协同。二是内容协同。数字乡村建设强调综合发展，目标是实现全方位、高质量的农业农村信息化，因此在数字乡村建设过程中必须推进乡村数字基础设施建设、乡村数据资源开发与管理、乡村数字服务产业化、乡村产业数字化、乡村治理数字化等内容维度的协同演进，形成互促合力和叠加效应。三是要素协同。加大要素投入力度是数字乡村建设的必然举措，除此之外，在数字乡村建设过程中，还要特别注重要素投入的协同，努力形成设施建设、土地供给、资金投入、技术引进、人才支撑、组织保障等方面同步协调推进的全要素协同局面，避免出现要素冗余与要素不足并存的不良现象。此外，同一要素内部也要实现协同发展，以技术协同为例，数字乡村建设强调统筹推进现代信息技术的综合应用，就是要协同推进互联网、物联网、云计算、大数据、人工智能、区块链等现代信息技术在农业农村的融合应用，产生最大的赋能作用和外溢效应，因此不可在主观上只偏重某些技术而忽视其他技术的发展。四是空间协同。空间结构优化同样是数字乡村建设过程中需要重视的方面，加强基础设施、产业园区、服务中心等硬件的空间布局规划，提升硬件载体之间的空间协同性，建立起更加开放协调的空间格局，使区域之间、城乡之间、县城与乡镇之间的衔接和联系更加顺畅。在推进主体协同、内容协同、要素协同和空间协同的过程中，乡村地区以私营部门为主导的数字化协同创新能力和以公共部门为主导的数字化协同治理能力将不断提升，持续驱动着乡村的重构，直至数字乡村新系统的最终形成。

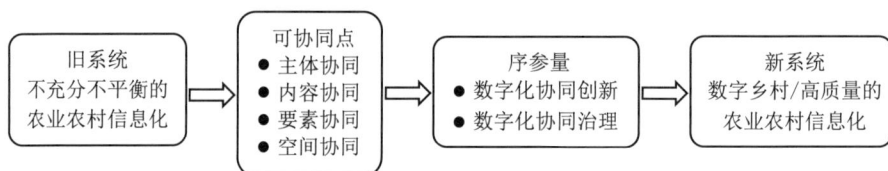

图 1-1 中国数字乡村建设的协同逻辑

（二）信息可视化理论

视觉是人类获取信息的主要途径。科学实验表明，人类高达 80% 以上的信息是通过视觉通道接受的，且视觉信息处理具有速度快、容量大、可并行的优势（谭章禄等，2013）。信息可视化（information visualization）是在计算机与信息通信技术的支持下，将难以直接显示或不可见的信息转化为人眼可感知的图形、颜色、符号、数值、视频等直观方式呈现和表达，以达到增强人类认知的目的（Munzner，2014）。信息可视化有助于洞察数据、解释信息、发现规律、制定决策等（Rumbaugh et al.，1991）。信息可视化能够提高数据识别效率、高效传递有用信息，促进提高工作效率和管理绩效（Charles and Chris，2004）。信息可视化理论的发展开端可追溯至 1987 年 2 月美国自然科学基金会召开的一个专题研讨会，会上首次提出"科学计算可视化"的概念，其基本含义是运用计算机图形学技术和图像处理技术将大量数据转换为图形的直观形式表示出来。此后，信息可视化理论经历了数据可视化、信息可视化和知识可视化三个阶段的演进。数据可视化在科学计算可视化理念的基础上，增加了计算过程中数据变化的可视化以及进行"人—机"交互处理，但数据可视化的对象仅局限于空间数据。数据是人们观察外部世界的原始材料，其本身没有任何意义，数据可视化帮助人们更好地描述发生了什么事情，但它可能与人们手上的任务有关，也可能与人们手上的任务无关。只有人们对数据进行深入分析，找出其中与手上的任务有关的部分，才能形成信息。信息可视化就是要从大量抽象数据中发现有用信息，创造性地反映信息，挖掘隐藏在可视化对象深处及其彼此之间相互关系的信息。相比于数据可视化，信息可视化的对象由空间数据拓展到了非空间数据和多维数据。进一步地，信息再经过一个人类学习过程并与人类价值认知相结合，便形成知识，而知识与人相关。知识可视化的处理对象不再是数据，而是人类的知识。知识可视化的实质是应用视觉表征手段将知识转换成能够直接作用于人感官的外在表现形式，从而促进知识的传播和创新。知识可视化的目标在于传输见解、经验、态度、价值观、期望、意见和预测等，并以这种方式帮助他人正确地重构、记忆和应用这些知识。

信息可视化理论为中国数字乡村建设提供了重要借鉴。在数字乡村建设过程中，要重视推进可视化技术的应用，向政府、农户等主体提供可视化产品、服务和平台。对于政府而言，可视化能够促进其公共服务供给能力和治理效率的显著提升。对于农户而言，可视化能够有效契合其人力资本特征与发展需求，这一点可以从平台电商、社交电商到短视频带货、直播电商的业态演变中管窥到。电商平台企业持续进行包容性创新，其中一个重要的创新逻辑就是电商展示方式的可视化程度不断提升，从而让更多农村居民能够嵌入网络市场。数据可视化是信息可视化和知识可视化的基础，数据可视化的建设状况决定着信息可视化和知识可视化的发展质量。在数字乡村建设过程中，首先要重视高质量完成数据可视化建设，包括相关硬件设施建设、数据采集、数据存储、数据融合、数据传输、数据呈现等方面，此后再过渡到以促进信息可视化和知识可视化为主的建设阶段（见图1-2）。目前中国已经在全国水利"一张图"、农村公路基础属性和电子地图数据库、重要农产品全产业链大数据、农田建设"一张图"、数字乡村"一张图"、农产品质量安全追溯管理信息平台、农药和兽药基础数据平台等方面的可视化建设上取得了初步进展。例如在重要农产品全产业链大数据建设方面，2016年农业部在北京、内蒙古、辽宁等11个省份重点开展生猪等8种农产品单品种全产业链大数据建设；2017年农业部和国家发展改革委安排中央预算内投资，组织实施数字农业建设试点项目，开展水稻、大豆、油料、棉花、茶叶、苹果、天然橡胶、糖料蔗等一批重要农产品全产业链大数据中心建设试点。但是，数字乡村的可视化建设处于起步阶段，数据可视化的基础设施建设不足，硬件设备落后，缺乏统一的数据采集、存储等标准规范，已有数据资源难以实现互联互通、协同共享（康春鹏等，2018）。此外，由数据可视化向信息可视化和知识可视化演进的能力严重缺乏，对数据资源的开发利用明显不足，数据价值无法得到深度挖掘。建立决策知识库、模型库、方法库，通过关联分析、分布式计算和多维度展示，从大数据中挖掘出复杂变量之间的规律，揭示变量间的内在机理，拓宽人类认知的边界，形成新知识，准确预测农业市场发展的演化趋势，将是数字乡村建设的一个重要方向。

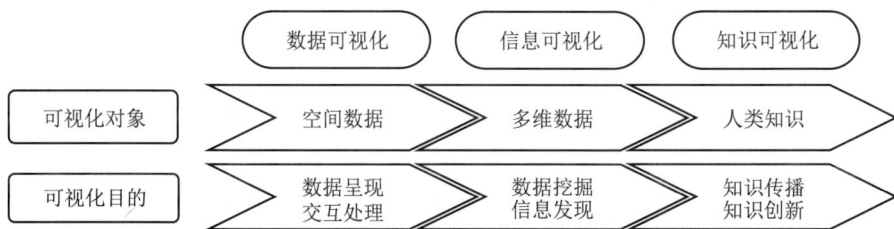

图 1-2　中国数字乡村建设的可视化演进逻辑

（三）内源式发展理论

内源式发展（Endogenous Development）理论的提出，源于对20世纪六七十年代盛行的外源式发展模式的反思和批判。在经济全球化的推动下，以逐利为导向的资本为各国工业化和城市化注入动力，城市的中心地位被不断强化，而农村日益面临边缘化、空心化、内卷化等问题。在此进程中，外源式发展模式被广泛运用于农村发展的具体实践中，其核心思想是外部力量介入能够刺激农村发展。然而，外源式发展模式的逐利本质使其演变为一股掠夺农村资源、加剧农村凋敝的力量。在外源式发展模式中，外部力量的介入限制了农村本土的自主性，忽视甚至践踏地方人文、生态等非经济因素，导致地方在农村发展过程中深陷主体迷失与作用异化的困境（Anne，2013）。1976年，日本学者提出内源式发展理论，认为乡村振兴应走内源式发展道路，即"不同地区的人们立足于其固有的资源和遗产，借鉴外来的知识、技术、制度，自律地创造出来"（鹤见和子、川田侃，1989）。此后，联合国教科文组织出版《内源发展战略》一书，指出"内源式发展是从内部产生、为人服务的发展"（联合国教科文组织，1988）。与外源式发展不同的是，内源式发展本质上是一种自我导向型发展，实现了乡村发展"自下而上"的转换，突出地方的自主性和能动性，充分发挥社区的作用，强调地方对发展选择的决策权，对发展过程的控制权，对发展收益的享有权（Slee et al.，1994）。内源式发展的内在实现路径在于：一是要注重地方参与；二是要培育地方认同；三是地方资源保护性开发（Lowe et al.，1993；Mühlinghaus and Wälty，2001；张文明、章志敏，2018）。Ray（1998）认为，乡村面临的发展困境均能通过采取行动得到改善，但是乡村发展如果不借助外部力量而仅仅依靠自身内源性力量实现"纯粹"的内生发展，这在全球化背景下是过于理想化的。实现乡村的内源式发展除了以地方参与、地方认同、地方资源为前提，还要注重地方与其所处环境之间的互动和联系（Bosworth et al.，2016）。换言之，内源式发展应该是"外发促内生"与

"内联促外引"的有机结合（何慧丽等，2014）。

内源式发展理论为数字乡村建设的地方实践提供重要的方法论指导。数字乡村建设必然是乡村内外部力量综合作用的过程，单靠地方内部力量是无法完成的。现代信息技术的研发力量集中在发达城市，电子装备制造业、软件开发和信息服务业集聚在主要城市，直接助推智慧城市建设，此后才辐射到乡村地区。数字乡村建设需要城市的信息化资源下沉到乡村地区，为乡村注入新动能，因此数字乡村建设必然要重视内部主体与外部主体的互动、内部资源与外部资源的整合。与此同时，数字乡村建设过程始终要坚持以地方参与、地方认同与地方资源为前提，即立足地方实际和资源禀赋，因地制宜，以人为本，做好规划和对外合作，以社区为单位开展组织动员工作，培育本土居民对数字乡村建设的理念认同及其自身的角色认同，吸引广泛而有效的居民参与，通过发挥数字赋能作用，共同实现本土资源的合理利用和创造性增值，最终具备向外部输送价值创造和信息共享的能力（见图 1-3）。需要注意的是，地方的数字乡村建设虽然需要外部力量的介入，但也要避免三个误区：一是选择错配的外部力量而无法有效激活本地的数字化转型，其结果往往是造就了一些形式主义、浮于表面、没有给当地带来实质性普惠发展的"空壳子"；二是过度依赖外部力量而缺乏对本土力量的培育，导致自我进化能力不足，无法实现可持续发展；三是外来资本借着数字乡村建设的契机抱团下乡，以政府补贴和奖励为支点掠夺当地资源和利益。总而言之，外部主体的价值取向和角色定位在数字乡村建设中同样是至关重要的，其在数字乡村建设中主要担任着服务者和促进者的角色和责任。

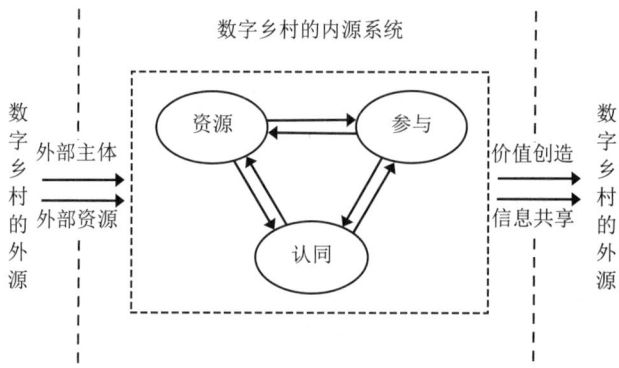

图 1-3 中国数字乡村建设的内源式发展逻辑

四、数字乡村建设的基本路径

中国农业农村信息化虽有近 20 年的探索，但以新理念、新体量、新高度推进新技术综合应用以取得新成效的数字乡村建设才刚刚起步。关于又好又快地建设数字乡村客观上受限于理论和实践双重不足的基本现实，这与中国农村此前很多改革与创新面临的情况是一样的。经验表明，中国农村的改革与创新应该自下而上与自上而下相结合，通过试点探索将顶层设计与基层创新有效地衔接起来（魏后凯、刘长全，2019）。中国数字乡村建设同样要坚持顶层设计、试点探索与基层创新相结合的方法论，沿着"顶层设计—试点探索—全面推广"的基本路径推进，而且要特别注重试点的多层次性、顶层设计与试点探索之间的双向反馈，以及加强对试点实践的理论总结与经验辨识，逐步积累共性知识和差异化经验，待统一化框架和标准体系成形以后，再进入全面推广阶段（见图 1-4）。

```
                    ┌──────────────┐
                    │   顶层设计    │
                    │ ● 中央政府   │◄─────┐
                    │ ● 省级政府   │      │
                    └──────┬───────┘      │
                           │              │
                    ┌──────▼───────┐      │
                    │   试点探索    │      │
                    │ ● 示范市     │   ┌──┴────────┐      ┌──────────┐
                    │ ● 示范县     │──►│ 理论总结   │─────►│  共性知识  │
                    │ ● 示范镇     │   │ 经验辨识   │      └──────────┘
                    │ ● 示范村     │   └──┬────────┘      ┌──────────┐
                    └──────────────┘      │              │ 差异化经验 │
                                          │              └──────────┘
                                   ┌──────▼───────┐
                                   │  形成统一化    │
                                   │  框架和标准    │
                                   └──────┬───────┘
                                          │
                                   ┌──────▼───────┐
                                   │   全面推广     │◄────────────────
                                   └──────────────┘
```

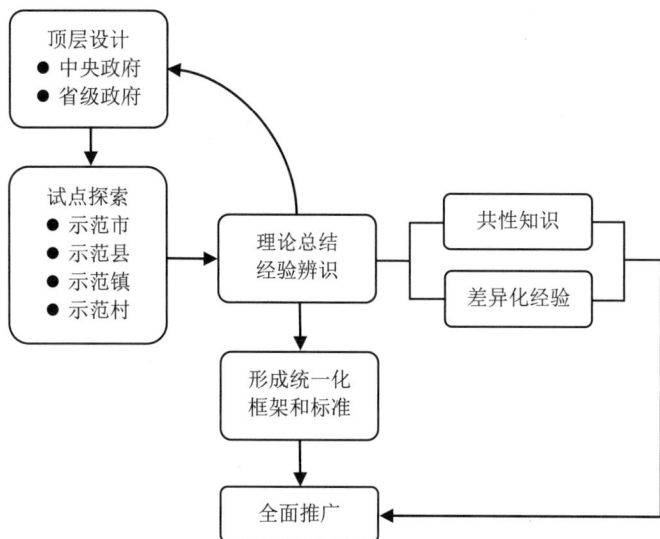

图 1-4　中国数字乡村建设的基本路径

　　自 2018 年中央"一号文件"明确提出数字乡村发展战略的理念，中央政府和省级政府陆续启动第一轮顶层设计部署。2019 年 5 月，中共中央办公厅、国务院办公厅印发了《数字乡村发展战略纲要》，要求各地区各部门结合实际认真贯彻落实。2020 年 1 月，农业农村部、中央网络安全和信息化委员会办公室印发《数字农业农村发展规划（2019—2025 年）》，对新时期推进数字农业农村建设的总体思路、发展目标、重点任务做出明确部署，擘画了数字农业农村发展新蓝图。此后，各省为贯彻落实中央精神，陆续出台相应的实施意见，例如浙江省出台《浙江省数字乡村建设实施方案》等。中央政府和省级政府出台的系列政策文件，使数字乡村建设在短短的三年内便由战略构想、方案规划迈入试点实施与部分先行地区快速推进的新阶段。

　　在试点的具体部署方面，2019 年 12 月，浙江省在全国率先启动数字乡村试点建设工作，共确定杭州市等 4 个市、杭州市临安区等 11 个县（市、区）为数字乡村试点示范市县，杭州余杭建光黑鱼专业合作社等 72 家主体为数字农业工厂试点示范主体。2020 年 7 月，河南省农业农村厅与阿里巴巴集团签约合作，计划未来五年内将创建 60 个以上数字乡村建设示范县，培育 20 家以上的数字乡村建设领军企业，建设一批省级数字乡村建设创新中心。2020 年 8 月，广东省出台了《广东省数字乡村发展试点实施方案》，确立了数字乡村发展试点名单，包括 10 个试点县（市、区）和 20 个试点镇（街道）。2020 年 10 月，中央网信办、农业农村部、国家发展和改革委员会、工业和信息化部、科技部、市场监管总局等单位联合印发《关于公布国家数字乡村试点地区名单的通知》，公布首批国家数字乡村试点地区名单，共有 117 个县（市、区）入围。随着地级市的贯彻落实，试点层次还进一步下沉到市级试点和县级试点，示范区域也由地级市和县域拓展到乡镇和村庄社区。试点的多层次性有助于探索数字乡村建设协同机制的建立，同时推进内源式发展模式的创立和运作，激发基层创新力量。对于试点的目标，从浙江和广东的先行经验来看，试点示范市、示范县重点从数字乡村的体系平台、技术应用、政策制定、制度设计、发展模式等方面入手，积极探索建立与乡村产业发展、行业管理服务能力、农民生产生活水平相匹配的数字乡村发展模式；试点示范镇和示范村主要是结合当地实际，突出特色，创建一两个数字乡村发展优势项目或产业。由于数字乡村建设的内容众多，一个地方不可能一次性全部进行试点，采用分阶段、分内容开展试点更具可行性。试点过程应首先结合当地的禀赋条件、前期基础和突出优势进行试点内容定位，鉴于农业发展的重要性，各地试点对数字农业一定要有所涉及，其次要集中力量率先搞好特色产业或主导产业的数据库建设。此外，各地可因地制宜选择示范园区、示范基地、示范主体、示范工程等不同对象开展项目试点。在试点实践的基础上，要不断推进理论总结和经验辨识，积累不同地区、不同模式的共性知识和差异化经验，形成理论知识库和案例资料库，并反馈到中央政府和省级政府，从而促进下一轮的顶层设计部署和试点示范工作安排，经过若干双向反馈的循环以后，逐步探索形成全国层面的统一化框架和标准体系。

| 第二章 |

数字乡村建设与乡村振兴：
数字赋能视角

DIGITAL COUNTRYSIDE CONSTRUCTION: THEORY AND PRACTICE

———

我国社会主要矛盾已经转化为人民日益增长的美好生活需要和不平衡不充分的发展之间的矛盾。其中，当前我国发展不平衡不充分问题在乡村最为突出。对此，党的十九大提出实施乡村振兴战略，这是着力解决"三农"问题的又一重大战略部署。然而，实施乡村振兴战略是一个庞大而繁重的系统工程，任重而道远。实现乡村振兴，客观上需要有效引擎和持续动力。我国农业农村现代化发展存在巨大的数字赋能空间，数字技术将成为实现乡村振兴的有效引擎和持续动力，这一点已经成为广泛共识。大数据、云计算、移动互联网、物联网、区块链等新一代信息技术逐渐被应用到农业领域，深刻改变了农业的发展方式，提升了农业的生产效率与发展质量，促进了农业转型升级。此外，信息技术发挥了增加农民的人力资本、提升其市场对接能力、提供创业就业机会、推动农业产业转型升级的作用。互联网打破了原有的社会结构、关系结构、地缘结构，重塑了乡村治理格局，从技术上为民众的多元参与拓展了新的途径与方式。随着农村网络基础设施的不断普及和信息产业的快速发展，基于数字技术的信息红利不断向农村地区和农业领域扩散，数字技术助力乡村振兴成为新的发展趋势。《数字乡村发展战略纲要》明确提出要"着力发挥信息技术创新的扩散效应、信息和知识的溢出效应、数字技术释放的普惠效应，加快推进农业农村现代化"。

我国率先将数字技术应用于城市，催生了智慧城市，已经获得发展红利。当前，以物联网、云计算、大数据、人工智能为代表的新一代数字技术加速向农业农村渗透，为农业农村数字化建设提供了良好契机，也为数字赋能助推乡村振兴打开了广阔空间。从技术进步角度讲，数字乡村建设的本质就是充分发挥数字技术对农村经济社会发展的赋能作用，助推乡村振兴目标的实现。换言之，数字乡村建设就是数字赋能助推乡村振兴的历史性进程。具体地，数字赋能助推乡村振兴是指以物联网、大数据、人工智能、区块链等新一代数字化基础设施为硬件基础，以数据化知识和信息为关键生产要素，以数字技术创新为核心驱动力，以现代互联网信息平台为重要载体，通过数字技术与农业农村发展深度融合，实现乡村生产科学化、治理可视化、生活智能化和服务便捷化，最终促进乡村产业兴旺、生态宜居、乡风文明、治理有效和生活富裕。

一、数字赋能助推乡村振兴的路径与机理

当前，以物联网、云计算、大数据、人工智能为代表的新一代数字技术加速向农业农村渗透，数字化成为农业农村发展的加速器和催化器。数字技术与农业农村融合发展能够提升信息传播能力，降低信息、组织壁垒，提升信息接入能力，减少信息不对称，匹配供需资源，优化要素流通通道，

提高资源使用效率，提高人力资本，降低交易成本，为农业产业发展模式和组织形态提供新的机会，给乡村振兴高质量发展提供新的时机。在乡村振兴的背景下，数字技术的发展正在推动实现乡村产业兴旺、生态宜居、乡风文明、治理有效、生活富裕（见图 2-1）。

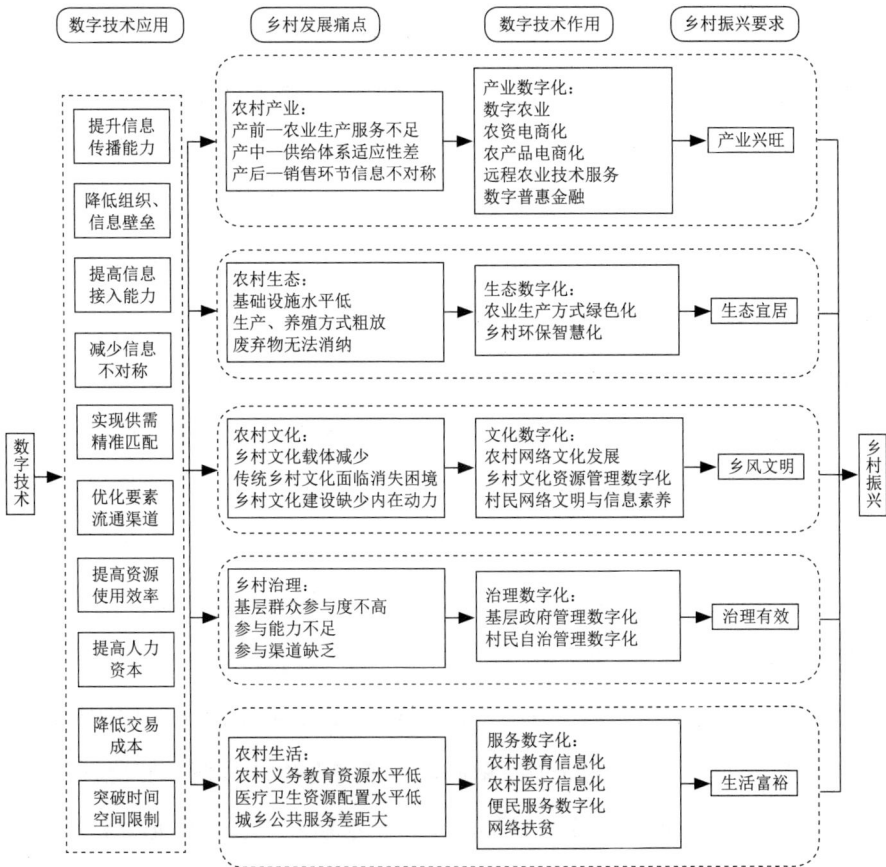

数字技术应用	乡村发展痛点	数字技术作用	乡村振兴要求
提升信息传播能力	农村产业：产前—农业生产服务不足 产中—供给体系适应性差 产后—销售环节信息不对称	产业数字化：数字农业 农资电商化 农产品电商化 远程农业技术服务 数字普惠金融	产业兴旺
降低组织、信息壁垒			
提高信息接入能力	农村生态：基础设施水平低 生产、养殖方式粗放 废弃物无法消纳	生态数字化：农业生产方式绿色化 乡村环保智慧化	生态宜居
减少信息不对称			
实现供需精准匹配	农村文化：乡村文化载体减少 传统乡村文化面临消失困境 乡村文化建设缺少内在动力	文化数字化：农村网络文化发展 乡村文化资源管理数字化 村民网络文明与信息素养	乡风文明
优化要素流通渠道			
提高资源使用效率	乡村治理：基层群众参与度不高 参与能力不足 参与渠道缺乏	治理数字化：基层政府管理数字化 村民自治管理数字化	治理有效
提高人力资本			
降低交易成本	农村生活：农村义务教育资源水平低 医疗卫生资源配置水平低 城乡公共服务差距大	服务数字化：农村教育信息化 农村医疗信息化 便民服务数字化 网络扶贫	生活富裕
突破时间空间限制			

图 2-1 数字赋能助推乡村振兴的内在机理

（一）数字赋能与产业兴旺：产业数字化

小农户在对接市场的过程中面临多方面的约束和障碍，涉及金融与农资服务支持、农产品市场、农产品流通等诸多环节的整个产业链条被分割在不同地区和部门，包括农业的所有环节和整个流程（张在一、毛学峰，2020）。农村产业发展瓶颈主要表现为：产前，小规模生产削弱了农民讨价还价的能力，缺乏与农资销售商对等的谈判权、缺乏正规金融机构的信贷支持、缺乏对农业生产先进技术的应用指导等问题导致产前环节的农资供给和金融服务与农民脱节（彭新宇，2019）；产中，农业生产的自然属性强，而小农户抗风险能力弱，不具备生产过程标准化和质量监管的条件，产品质量难以控制，农业生产效率低下；产后，传统农产品流通中间环节多、流通时间长、流通成本高、产品损耗大，存在信息不对称等问题，农民信息获取不足，市场地位处于弱势，谈判力量薄弱，产品利润率较低。

产业发展是激发乡村生产力的基础，三产深度融合是乡村振兴的重要标志（赵霞等，2017）。借助数字技术，通过资源整合、信息共享和要素互联，健全农村第一、第二、第三产业融合发展利益联结机制，推进农业产业全面升级，让农民更多分享产业增值收益，其具体路径主要包括三个方面。第一，农业生产数字化。"互联网＋"在农业中的深层使用提高了农业生产中对信息的抓捕能力，精确获取了农业生产数据，推动农业"精确化"生产，可协助农户完成智能喷水、精准撒药、合理施肥等精细化操作，实现农业精准管控，进而合理调整农业生产布局，农业生产方式由简约化、粗放式向精细化、智能化转变，最大限度地减少农业能耗成本和降低农业经营中的不确定风险，从而保障农业生产高效。第二，农业经营数字化。数字技术为农业产前农资服务和产后销售提供了破解传统模式痛点的新思路。在大数据、云计算、互联网等数字技术的支持下，传统农资企业实施电商化转型，解决了传统农资市场中存在的信息阻塞、供需不均衡、中间渠道臃肿等问题，建立健全了农技推广体系，从而进一步解决农机具的售后服务等问题。同时，各大电商平台的涌现缩短了农户与消费者的距离，使农户从产品的供给者、生产者转变为销售者，提升了农户在农业产业链中的话语权，增强了小农户在产业链中收益分配的能力，进一步激发了农民的生产积极性。第三，农业服务数字化。互联网平台凭借公开、共享的禀赋，打破了农业技术的应用和服务壁垒，可快速传递农户的技术需求，利用数字技术开展远程农技咨询指导和远程农业教育培训，实现农户"足不出户"便可提升农业技术应用技能和水平，促进农业技术成果的快速应用。以数字技术为依托的数字金融已经弥补了传统金融体系的缺陷。依托于大数据、区块链等新一代数字技术，数字金融以较低的成本实现农村资金的供需配置，解决了农村的金融地域歧视和供给型金融抑制问题，扩大了农村金融的服务范围，提高了小农户获得金融服务的可能性，为乡村三产融合发展提供了强有力支撑（张勋等，2019；何宏庆，2020）。

（二）数字赋能与生态宜居：生态数字化

由于农村基础设施建设水平比较落后，农村地区的生产、生活废弃物很难被全部消解，人居环境不断恶化（唐江桥、尹峻，2018）。此外，乡村养殖产业发展迅速的同时也给环境带来了问题，养殖设施陈旧造成了人居环境的局部恶化，病死畜禽处理的无害化以及水产精准饲喂技术缺失造成的水体富营养化都导致了生态与环境的冲突。农村人居环境现状条件难以满足村民生产生活的实际需求，农村人居环境落后是城乡发展不均衡的突出表现，进一步影响着农业农村现代化发展。

改善农村人居环境是"美丽乡村"建设的重要内容。顺应数字乡村战略的要求，建设农村环境数字化监测平台，开启实时监测农村污染，及时维护、修复农村生态环境，可逐步实现提高"美丽乡村"建设水平的目标。具体路径主要包括两个方面：第一，农业生产方式绿色化。基于物联网的发展可以实现农业生产过程的透明化，协助农业生产过程中对肥料、化肥、农药等生产要素的精细化操作，用精准化生产代替传统的粗放式生产，保护农村生态环境。基于互联网的信息共享与"锁定效应"倒逼农户采用绿色生产技术，为绿色农产品质量安全提供保障。第二，乡村环保智慧化。根据数字化监测平台对农村污染物的实时监测，选择科学的农村生活垃圾、污水治理模式，采取诸如生活污水集中处理、生活垃圾无害化处理等农村人居环境整治措施。借助新一代物联网和移动互联基础，加强畜禽养殖资源化利用和污染防治，加强农业面源污染治理，提高乡村生态环境整治的信息化水平。

（三）数字赋能与乡风文明：文化数字化

在快速的城镇化进程中，作为乡村文化载体的村庄数量大量减少，导致了乡村文化的地域性、多样性和丰富性不断削弱（吕宾，2019）。同时，伴随现代化的推进、人口的外流，农村呈现"空心村"趋势，一些具有历史感和归属感的乡村文化活动如民俗、节庆等日益减少，祠堂、戏台、集市等具有地方特色的传统乡村公共设施和文化空间渐渐消失，地方戏曲、传统技艺等面临后继无人的困境，乡村非物质文化遗产逐渐消亡；男性青年劳动力从农村流向城市，留守的妇女、老人成为乡村文化建设的主角，而多数留守妇女受教育水平有限，导致乡村文化建设缺少内在动力和生机。

乡村文化是乡村振兴的内在推动力。数字技术应成为促进乡村文化发展的新动力，促使乡村传统文化业态升级（唐琳，2019）。具体路径主要包括三个方面：第一，乡村文化资源数字化。基于数字技术的可再生性、非竞争性、高渗透性以及大数据自身的可复制性、多样性等特点，以多媒体的更经济高效方式记录有明显地方文化特色、有较高历史传承和人文价值的文化资源和非遗项目，如地方戏曲、传统技艺等非物质文化遗产以及庙宇、戏楼等物质遗存，共享数据资源创造的价值，破解文化遗产出于资金、技术、传承等原因濒临消失的难题。第二，乡村文化网格化。基于数字技术具有外部经济性、非排他性、较强的传播性以及高速性等特点，将数字技术嵌入乡村公共空间、公共设施，形成乡村智慧旅游、田园综合体和特色小镇，健全乡村传播生态，利用数字技术传播和展示乡村文化的特色，提升乡村文化的表现力和吸引力，实现乡村文化振兴。第三，乡村民众文化素养提升。"乡风文明"建设本质上属于人力资本建设，提高农民的文化素质也是乡村文化建设的重要组成部分（党国英，2017）。互联网的普及提高了农民的信息获取能力，为农民培训提供了全新的模式和渠道，有助于培育一批新型职业农民。

（四）数字赋能与治理有效：治理数字化

当前的农村社会是一个空间流动性极强的社会，在部分乡村地区，农民对政府治理缺少信任，存在疏离感，不利于农民的社区参与（陈明、刘义强，2019）。部分地区的基层政府凭借其自身的职权和资源分配的权力，将权力渗透至自上而下的各级组织，干预乡村的日常公共生活（高强，2019；赵晓峰、马锐，2019）。这种自上而下的权力输送阻碍了农民的有效参与，主要表现为乡村治理过程中基层群众参与度不高、参与能力不足以及参与渠道缺乏等问题。

新一代数字技术驱动促进社会治理现代化和精细化的手段得到了广泛关注，为乡村有效治理的实现提供了重要驱动力，乡村治理的数字化转型也将成为乡村治理现代化的基本趋势（谭九生、任蓉，2017；袁方成，2018），多元主体、有效参与构建了治理数字化的核心要素。大数据与乡村治理、互联网与乡村治理网格化、"乡村＋政务服务"、数字乡村和公共服务、智慧乡村等已经成为乡村治理的主要形式，提升了政府的行政效能，具体路径主要包括两个方面：第一，基层政府管理数字化。传统的乡村管理受政府层级管理体制的影响，管理过程规范化、程序化、手续化，乡村政府服务流程繁杂难以满足村民的个性化需求（王惠林、洪明，2018）。而数字技术具有处理快速的特点，对数据的实时收集、高效分析，简化了政府的服务流程，能够快速得到处理结果和价值信息，为村民提供便捷化服务。通过向乡村普及推广数字化工具，为村民提供畅通的需求表达渠道，有助于发挥村民主体作用，提升其参与公共事务和决策响应能力，推动村民自治由被动向主动转变；政府结合舆情，做出精准的决策响应，推动形成以村民需求诉求为导向的乡村治理体系，可有效提高治理需求和供给之间的匹配度（沈费伟，2020）。第二，村民自治管理数字化。数字技术凭借其数据共享共用的优势，打破了信息壁垒和体制壁垒，缩小了基层政府和基层群众之间的信息差和能力差。村民不再只是单方面地接受、使用政府信息，也能够制造、收集、传播和应用乡村信息，唤醒了基层群众、社会组织的治理意识，拓宽了村民直接或者间接参与治理的渠道，实现乡村治理的主体模式由一元垂直管理模式向多元共治转型，提升乡村治理绩效。

（五）数字赋能与生活富裕：服务数字化

党的十八大以来，我国不断重视城乡基本公共服务均等化建设，但是目前城乡基本公共服务标准差距依然较大，农村公共服务依然呈现不完善、分散化的状态，主要表现为城乡义务教育资源配置、医疗卫生资源配置、便民服务等方面的差异性。

乡村振兴归根结底是为了改善民生，这也是数字技术助力乡村振兴的根本目标。随着互联网的使用和数字技术的进步，数字技术为弥合城乡公共服务鸿沟提供了手段。具体路径主要包括四个方面：第一，农村教育信息化。凭借数字技术的覆盖范围广、可复制共享、低成本等特点，超越地域空间限制，打破城乡教师、学生之间的物理距离，开设远程教育培训，支持教师、学生之间有效共享优质教育资源，实现优质资源与农村中小学校对接，全面提升农村教师专业素养，拓宽学生的知识获取渠道，促进城乡教育均衡与公平（Benstead et al.，2004）。第二，农村医疗信息化。基于大数据的共建共享、外部经济性特征，实现农村医疗卫生机构与城市医院的互联互通和数据共享，实现医保异地联网结算。通过城市医院向农村医疗卫生机构供给远程医疗、在线教学、线上培训等服务，利用互联网平台实现优质医疗资源下沉共享，促进城乡医疗均衡（Owen et al.，2012）。第三，便民服务数字化。凭借数字技术的信息整合功能、数据共享的特征，在大数据、云计算等新一代数字技术的支持下，将"互联网＋便民服务"全面推向农业农村，有效打破组织壁垒和信息壁垒，破解农村公共服务不完善、分散化、信息不对称的难题，利用互联网平台提供便民服务、公益服务、咨询服务、电商服务等多种服务，通过转变服务形式、创新服务内容，实现"数据多跑路，农民少跑路"，提高服务的及时性、匹配性、精准性、便捷性。第四，网络扶贫。反贫困是农村发展的核心问题，乡村振兴的根本目标就是促进农民增收致富、实现农村脱贫。电子商务也在电商扶贫中被看作部分贫困群体实现脱贫致富的新途径（王瑜，2019）。

二、数字赋能助推乡村振兴面临的问题

近年来，在数字技术的驱动引领作用下，乡村振兴取得了一定的成效，表现为：农村网络基础设施不断优化；信息化技术在农业生产中广泛渗透，农业产业转型升级效果明显；农业农村电子商务蓬勃发展，新业态蓬勃兴起；"三农"信息资源共享开放不断深化；农村信息综合服务能力不断提升。但在进一步发挥数字技术对乡村振兴的赋能作用的过程中，我国还面临一些问题和短板。

（一）农村数字化基础设施薄弱

虽然农业农村信息化不断推进，但是城乡之间存在较大的数字鸿沟。首先，城乡之间的互联网普及率差距明显。中国互联网络信息中心发布的第50次《中国互联网络发展状况统计报告》显示，截至2022年6月，城镇地区互联网普及率为82.9%，而农村地区仅为58.8%。其次，农业农村数字化应用明显滞后。农村数字化基础设施薄弱，农业大数据建设和农村数据资源体系建设处于起跑的状态，数据整合共享不充分、开发利用不充分，

数字经济在农业中的占比低于第二、第三产业，显然仍是数字中国战略实施的"短板"。

（二）农民数字化应用水平较低

现阶段农村劳动力普遍"兼业化、老龄化、低文化"，第三次农业普查数据显示，农村务农劳动力年龄在 55 岁以上的比例为 33.6%，文化程度为初中及以下的占 91.8%，年龄因素、文化程度限制和使用技能缺乏是农民数字化应用水平较低的主要原因。受传统生产生活方式的影响，农民信息意识呈现一定的封闭性，既难以满足应用信息技术的基础需求，又缺乏应用数字技术手段推进农业农村发展的主观能动性和积极性，致使农业农村数字化进程缓慢。

（三）农村数字化专业人才匮乏

人才是数字赋能助推乡村振兴发展的核心要素。从数字赋能助推乡村振兴发展的实践来看，数字赋能助推乡村振兴发展的专业人才仍有巨大缺口，主要表现为缺乏高素质、专业化、富有创新精神的数字化专业人才。当前从事数字赋能助推乡村振兴发展的主体大多是农村居民，相较于专业人才而言，农民的文化教育水平偏低，对于数字技术专业知识的学习和掌握具有一定的困难，难以满足乡村振兴高质量发展的要求。

（四）农村数字化政策供给不足

虽然我国已提出"实施数字乡村战略，做好整体规划设计"的要求，但是数字乡村建设还处于自上而下的各地试点探索阶段，数字赋能乡村振兴的组织化程度还相对较低，财政投入力度还不够，人员配备不充足，各部门的协调机制有待建立和理顺。总而言之，推动乡村振兴高质量发展，除了需要数字化专业人才保障之外，还需要组织、制度、政策、法律、人员等层面的保障，亟待形成整体的、统一的、具有分类指导作用的顶层设计。

三、数字赋能助推乡村振兴的对策与选择

目前我国在数字赋能助推乡村振兴的实践进展中，面临基础设施薄弱、应用水平较低、专业人才匮乏、政策供给不足等问题，今后需要进一步加强农村信息化设施建设、提高农民数字素养与技能、推动数字化专业人才下乡、加大政策出台与配套力度，从而更加充分地释放数字技术的赋能作用。

（一）加强农村信息化设施建设

信息化基础设施是实施乡村振兴战略的前提条件。扩张数字基础设施触达边界，促进"数字丝绸之路"建设，不断增加落后地区数字基础设施建设投入，提高网络覆盖率，并给予充分的资金和技术援助，为偏远地区提供稳定的互联网接入方式，以硬件设施升级为重点弥合落后地区的"接入鸿沟"。此外，统筹推进城乡信息资源建设和利用，打通已有的条块分割的涉农信息系统，推进重要农产品全产业链大数据、农业农村基础数据资源共享开放、有效整合，弥合城乡数据设施鸿沟。

（二）提高农民信息素养与技能

农村居民是实施乡村振兴战略的主体，要强化"三农"工作队伍建设，调动亿万农民群众的积极性。依托新型经营主体培育工程实现"精准育才"，紧抓数字乡村发展战略的实施契机，大力培育掌握数字技术的高素质农业人才，提高农民信息素养与技能，弥合农民运用数字技术的"能力鸿沟"。吸收发达地区的先进数字技术应用经验，不断提升落后地区农民的数字技能，培养一支爱农业、懂网络、会经营的新型职业农民队伍，激发乡村振兴的内在动力。

（三）推动数字化专业人才下乡

数字化专业人才是乡村振兴高质量发展的内生动力，而数字化在农业农村的推进面临着严峻的人才匮乏困境。对此，要注重从外部引进和吸纳数字化专业人才。各地应根据乡村振兴发展的实际需求，采取有效政策措施贯彻"外部引进"的方针，积极引导各类人才投身乡村振兴。此外，加强相关政府组织与农业类院校、企业、机构等的对接，做好人才输送、对口培养帮扶工作，在人才待遇和发展机会等方面给予政策支持，实现"长久留才"，不断壮大乡村振兴的数字化专业人才队伍，为农业农村高质量发展输入新理念、新思维、新方略。

（四）加大政策出台与配套力度

在政策方面，亟须优化数字赋能助推乡村振兴的政策环境。地方政府应从鼓励场景应用创新、加强产业引导、引进专业人才等方面着手，出台更大力度的扶持政策推动数字技术的研发创新和应用推广。政府要加大数字农业农村发展的财政投入力度，吸引社会力量广泛参与，引导工商资本积极参与数字农业农村建设，同时加强组织领导，建立部门协调机制、优化人员保障，形成共同建设数字乡村的强大合力。

第三章

数字乡村建设与农产品上行：
直播电商价值重构视角

农产品上行，也称"农产品进城"，是指将农村生产的农产品尤其是优质农产品销往城市的过程。农产品上行既关系到农民增收，又影响着城市居民的生活质量。一直以来，中国农产品上行普遍存在设施弱、渠道少、环节多、成本高、损耗大、效益低等问题（刘天军等，2013；赵晓飞、田野，2016；赵大伟等，2019）。而破解农产品上行难题，必然需要创新农产品上行方式。事实证明，电子商务是助推农产品上行的有力手段（Zeng et al.，2017；Guo et al.，2021；Li et al.，2021）。农业农村电子商务是数字乡村建设的重要组成部分。在某种程度上，农业农村电子商务甚至可以说是数字乡村建设的关键部分，即以农业农村电子商务为"先头部队"，进而带动乡村其他领域的数字化发展。

政府不断出台相关政策，部署加快利用电子商务推进农产品上行。2016年国务院扶贫办等16部门联合出台了《关于促进电商精准扶贫的指导意见》，提出实施电商扶贫工程，并明确要注重农产品上行。2017年商务部印发《关于开展2017年电子商务进农村综合示范工作的通知》，提出要聚焦农产品上行，中央财政资金支持农产品上行的比例原则上不低于50%。2019年中央"一号文件"提出要实施"互联网＋"农产品出村进城工程。在政策引导和市场推动下，电子商务不断赋能农产品上行，取得了一定成效。2019年全国县域农产品网络零售额达2693.1亿元，同比增长28.5%[①]，阿里平台农产品交易额达2000亿元[②]，拼多多平台农（副）产品活跃商家数同比增长142%，活跃买家数同比增长174%，复购率超70%[③]。

随着新一轮产业革命和信息技术的飞速发展，电子商务的模式和业态不断更新，电子商务赋能农产品上行的方式在不断升级，深度也在不断加大。直播电商，作为网络直播与电子商务的融合，集网络直播与电子商务的优势于一体，发展十分迅猛。2020年初暴发的新冠疫情，进一步加速了直播电商的普及化，尤其是在多地面临农产品滞销困境的情况下，农产品直播电商发挥了重要的提振作用。直播电商正在日益成为农产品上行的重要途径。据统计，截至2019年底，淘宝直播平台上，与农产品相关的直播累计达140万场，覆盖全国31个省（区、市）、2000多个县域，带动了6万多新农人加入[④]。然而，与实践层面的快速发展相比，学术界的理论研究工作相对滞后，有关农产品直播电商的科学研究成果不多。现有文献阐述了农产品直播电商的优势、存在问题与优化路径（昝梦莹、王征兵，2020；郭红东、曲江，2020），以及政府官员直播带货助农的风险挑战与长效机制（邓喆，2020），为了解农产品直播电商的主要特点和基本现实提供了借鉴。但是，深刻理解直播电商对农产品上行的重要意义，还需要更为

---

① 参见农业农村部发布的《2020全国县域数字农业农村电子商务发展报告》。
② 参见阿里巴巴发布的《2020阿里农产品电商报告》。
③ 参见拼多多发布的《2019年农产品上行发展报告》。
④ 参见阿里巴巴发布的《2020淘宝直播新经济报告》。

深入的学理思考。相较于传统线下模式，直播电商通过营造高赋能的网络服务场景，推动了农产品上行的价值重构（value recreation）。服务场景理论对深刻理解直播电商形塑农产品上行的内在机理有着重要的指导意义。本章回顾服务场景理论，构建"场景革新—价值重构"的一般性分析框架，在此框架的引导下阐释直播电商重构农产品上行价值的机理，并提出充分释放直播电商价值重构红利的实现路径。

一、服务场景革新与商业价值重构

（一）服务场景理论

场景（situation）原指戏剧、电影和文学作品中的场面或情景，后被应用于传播学、营销学等社科领域，其内涵发生了很大的变化。场景中的"场"即为一种有结构的整体性存在，不再局限于物理意义的场所，"景"既包括被展现出来的客观景象，又包括主体有意识的展示和表演。随着商业社会的不断进步，人们愈发意识到精心设计让顾客满意的服务环境的重要性。服务环境研究学者Bitner（1992）首次使用"服务场景"（servicescape）一词指代服务场所经过精心设计和控制的各种物理性环境要素的总和，并将其划分为氛围要素、空间布局与功能要素和标志等符号要素。Baker等人（1994）认为除了物理要素以外，还应该考虑社会要素，即服务人员的言行举止和其他顾客的情绪、感受、满意度等。此后，不少学者分别围绕服务人员和其他顾客两条线索开展了一系列的研究，取得了诸多成果。Rosenbaum和Massiah（2011）在整合已有研究的基础上，提出了一个包含物理维度、社会维度、社会象征维度和自然维度的服务场景综合模型，囊括了灯光等物理性刺激要素、服务人员等社会性刺激要素、具有特殊象征意义的刺激要素和有益健康的自然刺激要素。随着服务场景研究的不断深入，服务场景概念的内涵越来越丰富，它已代表着一个关乎人—场关系的跨学科命题（李慢等，2013）。

大量研究表明，服务场景对顾客消费感知和行为有着重要的影响。灯光亮度和颜色、温度高低、气味类型、音乐风格、物品摆放、装饰格调等物理特征会对顾客的情绪和心态产生显著影响（Klemens et al.，2012；Christoph and Charles，2012）。服务场所的顾客密度，通常情况下会正向影响顾客的情绪、认知和购买意愿，但有时也会产生负向作用（Tombs and McColl-Kenndy，2003）。服务场景中服务人员的语气、语调、态度、外貌、表情、举止等因素显著影响顾客的认同感（Sundaram and Webster，2000）。伴随服务人员与顾客之间交流的不断积累，相应的社会关系会发生调整，这更能唤醒顾客的需求，诱导消费行为的发生（Gobbott and Hogg，2001）。良好的服务场景会让顾客产生场所依恋（place attachment），进而拥有长期不易改变的忠诚度和强烈的重复购买意愿（Rosebaum，2005；Wynveen et al.，2012）。

随着经济社会的不断发展，服务场景受到越来越多的重视，场景化成为商业模式创新的新范式和新路径。商业模式场景化是"货—人—场"转向"人—货—场"的创新，并且促进了"人、货、场"的即时互联互通，重塑了价值创造的逻辑，催生了场景价值（江积海，2019）。而随着电子商务的兴起，学者开始关注网络服务场景（E-servicescape）。Harris 和 Goode（2010）定义网络服务场景为从购前到购后的服务传递过程中所有在线环境因素的总和，其包括审美诉求、功能布局和财务安全三个维度，并且每个维度均会正向影响顾客的网络信任。随着数字技术与实体经济的不断融合，网络服务场景日益与产品融为一体，成为商业模式实现价值创造和传递的重要环节（李鸿磊、刘建丽，2020）。网络服务场景是在线顾客与企业交互的触发点和第一线（李慢等，2013），是能够为富有想法、参与价值共创的在线顾客提供价值主张的平台（李慢、张跃先，2021）。良好的网络服务场景有助于提升顾客的购物体验、服务感知价值和满意度，达成顾客契合，促进其最终的消费行为（Kim et al.，2014；Santini et al.，2020）。网络服务场景能够有效触发顾客的视觉、听觉、嗅觉、触觉、味觉等感官知觉，进而作用于顾客的心理反应和行为意向（于萍，2018）。在影响网络服务场景的众多因素中，在线顾客感知互动性居于核心地位，是在线顾客认知和行为的关键驱动因素（李慢等，2013）。

（二）分析框架：场景革新—价值重构

直播电商属于商业模式场景化的范畴，其本质就在于借助数字技术手段营造全新的服务场景，引致商业价值范式的重构。本部分以服务场景理论为逻辑基础，构建"场景革新—价值重构"的一般性分析框架（见图3-1），分析直播电商形塑农产品上行的内在机理。

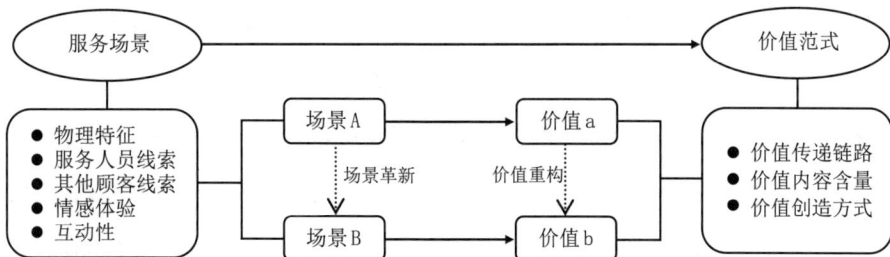

图 3-1　"场景革新—价值重构"一般性分析框架

服务场景有关研究已为服务场景与价值范式之间的关系提供了逻辑框架（江积海，2019；李鸿磊、刘建丽，2020；李慢、张跃先，2021）。随着商业社会的发展，服务场景越发成为影响顾客价值创造与传递的重要因素（假定场景 A 对应价值 a，场景 B 对应价值 b）。服务场景革新（从场景 A 到场景 B 演变）势必将引发价值范式重构（从价值 a 到价值 b 演变），场景革新力度越大，则价值重构程度越深。尤其是伴随数字技术的不断成熟，商业模式场景化一方面由线下面对面场景向线上虚拟化场景转变，即服务场景网络化；另一方面网络服务场景不断实现场景要素的迭代升级和创造性组合，即网络服务场景高级化。而无论是服务场景网络化还是网络服务场景高级化，最终结果都是为了更好地赋能顾客，创造更多价值。

整合服务场景理论的主流观点，对一个服务场景的解构主要可以从物理特征、服务人员线索、其他顾客线索、情感体验、互动性等方面入手。也就是说，场景 A 和场景 B 之间的区别度可以综合这些角度进行分析和判断。物理特征是指服务场景的时间、地点、亮度、颜色、温度、气味、音乐风格、物品摆放、装饰格调等背景性场所特征；服务人员线索是指场景中服务人员的言行举止、外貌气质、专业水准、感染力等人物特征；其他顾客线索是指同处一个场景中的其他顾客的密度、情绪、行为等方面特征；情感体验是指顾客从服务场景中获取到的受尊重程度、受重视程度、归属感、认同感、舒适感、满意度等方面特征；互动性是指场景服务人员、顾客、场景设计者、产品提供者等关联主体之间互动的频率、及时性和便利性等特征。如果场景 A 和场景 B 在这些维度都存在明显差异，则说明从场景 A 到场景 B 是一次较大的场景革新，这意味着从价值 a 到价值 b 的转变是一次深层次的价值重构。而对价值范式的考察一般可从价值传递链路、价值内容含量和价值创造方式等角度进行（李鸿磊、刘建丽，2020），价值传递链路涉及价值链的传递长度、传递主体构成及其相互关系、传递准确度、传递成本、传递效率等，价值内容含量涉及企业向顾客输出的价值主张、价值形式、价值分量等，价值创造方式涉及顾客价值创造过程中的参与主体及其参与范围、参与方式和参与结果等。

二、直播电商重构农产品上行价值的机理

（一）总体模型

在现代社会，顾客关心的不再只是物理意义上的产品，而是价值。价值重构是理解电子商务对农产品上行深刻影响的重要视角（曾亿武等，2016）。电子商务的出现，改变了流通的逻辑，重塑了农产品上行的价值形态，并且，随着电子商务业态的持续演进，农产品上行的价值重构程度不断加强。从依托网店或社群的图文展示型电商和视频展示型电商到直播电商，农产品上行的价值链长度、价值含量和价值创造方式发生了全面而深刻的重构。直播电商依托移动互联网、即时视频、音频通信、现代物流快递等技术和产业，以网络服务场景为核心，实现了产品流和信息流质的改变。相较于传统线下模式，直播电商模式通过营造高赋能的网络服务场景使得农产品上行从长链价值传递转变为短链价值传递，从单一价值输出转变为多元价值输出，从单向价值独创转变为多方价值共创（见图 3-2）。

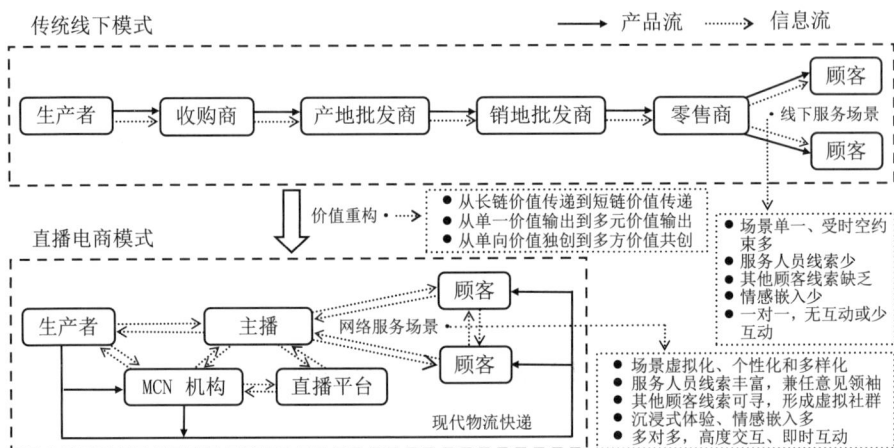

图 3-2　从线下到直播：农产品上行价值重构的总体模型

（二）机制Ⅰ：从长链价值传递到短链价值传递

在传统线下模式中，大部分农产品从农村的田间地头到城市的餐桌需要沿着"生产者—收购商—产地批发商—销地批发商—零售商—顾客"的长链条才能实现价值传递，整个过程包含了诸多流通主体和流通环节，导致流通的物理成本和交易成本较高，信息分散且容易失真，生鲜类农产品更是损耗过大。直播电商模式则大幅压缩农产品上行的价值链长度，将传统线下模式的长链条变更为"生产者—主播—顾客"的短链条，彻底颠覆了价值传递的方式，显著提升了价值传递的准确度和效率。直播电商大大缩短了顾客的购买链路、产品的供应链路，缩减了流通成本，提升了供应的敏捷程度（王宝义，2021）。例如，黑龙江省五常市七一村的农民以前都是将收割的稻谷低价卖给镇上的米厂，再由米厂对接批发商、零售商，最后才到顾客手里，2020 年不少村民做起了直播，向粉丝介绍五常大米知识的同时呈现整个包装过程，借助进村的快递直接邮寄大米给顾客，全村大米销售量剧增，在促进农民增产增收的同时，还带动村里筹划建立村民入股的稻米加工厂，进一步完善了产业链。

在传统线下模式中，负责价值传递的主体众多且为垂直关系，缺乏核心主体，缺乏价值主张的集中输出，这不利于顾客对价值主张的获取和反应。而在直播电商模式中，伴随着价值链的缩短，主播成为价值传递的核心主体，一端连着生产者，一端连着顾客，便于发挥桥梁和纽带作用，专注于价值主张的集中输出，平台渠道方与 MCN 机构同主播之间形成平行关系，分别为主播提供平台基础和运营支撑。在实践中，农产品直播电商的主播有多种类型，包括明星直播、网红直播、主持人直播、政府官员直播、企业家直播、农民直播等。其中，农民直播相当于商家自播，此时生产者与主播是不同身份的同一主体，整个价值链实质上是 C2C 超短链路。随着全民直播时代的到来，农民直播成为农产品直播电商的重要形式，陆续涌现出一批又一批农民网红主播，例如，推销柞水木耳等农产品的陕西金米村淘宝主播李旭瑛，直播养殖竹鼠和挖竹笋的江西青年农民组合"华农兄弟"，直播抓黄鳝、推石磨、割猪草、收稻谷的四川三块石村留守青年刘金银，等等。

传统线下模式最终通过超市货柜、农贸摊子等线下场景进行价值输出，顾客自我搜寻、自我鉴别，顾客所花费的注意力几乎与价值链上的各个主体没有多大的关系。直播电商则通过架设临场体验、生产溯源、操作演示等网络服务场景，配以专业性解说和实时答疑，最大限度地帮助顾客实现有限注意力的效用最大化，同时也使农产品生产者的价值主张能够与顾客的注意力直接联系，促进价值主张的变现，产生消费黏性。例如，广西农村妇女"巧妇 9 妹"将农资采购、种植、养殖、生产、采摘、加工、分拣、包装、撒网捕鱼、炒菜做饭等过程作为服务场景呈现给顾客，以生产的透明度和专业度将货真价实、诚信做人、良心经营的价值主张传递给顾客，获得了顾客的认同与信任。

（三）机制Ⅱ：从单一价值输出到多元价值输出

在传统线下模式中，传递给顾客的农产品价值含量较低，价值形式单一，即物质层面上的纯粹货物。随着商业社会的进步，顾客的需求呈现多元化，顾客对商品的需求早已超越产品本身的实用性功能价值，更加诉求和重视文化价值、情感价值和精神价值。传统电商对此做出的响应是有限的，尽管商家致力于通过详尽的文字介绍、诱人的图片和视频等方式优化网店的商品信息显示，但是这些做法依旧无法弥补服务人员线索这一关键缺失（姚曦、张梅贞，2021）。服务人员线索是实现多元价值输出的核心构件。直播电商模式的出现，彻底改变了农产品上行价值单一的窘境。直播电商通过架设和营造互动性强、体验丰富、情感嵌入、有温度、符号化、沉浸式的服务场景和氛围，满足顾客产品、娱乐、休闲、社交、学习、咨询、体验、情感等多元化、深层次需求。农业具有多功能性，农产品承载的不单单是食品价值，还有知识传播价值、文化传承价值、教育启蒙价值、养生价值、生态价值等（罗必良，2021）。直播电商模式有助于开发农业的多功能性，促进产品性农业向功能性农业转化，充分挖掘蕴含在农产品中的各种价值。例如，山西东万户村的农民直播介绍当地农产品的生产技术、营养价值、美食做法、传说故事、发展历史，直播场景中不乏山清水秀的乡村环境、原生态的风土人情、能歌善舞的朴实村民的呈现。顾客在付出与以往同等注意力的情况下，可以获取到比传统线下模式、电视购物模式、传统电商模式更多的价值。正如农民主播张晓辉说过的："别小看这些，城里不少人没见过。搂草的耙子、灌溉的沟渠、乡间小路，甚至村道边的庄稼都能带来流量和粉丝。"

直播电商模式使农产品上行告别了传统线下模式只提供消费结果的价值而忽略消费过程的价值供给。顾客不仅最终购买了产品，还收获了附着在产品上的符号、情感、知识、体验等方面的价值，这些都是消费过程的增值效益，与以往消费过程纯粹的注意力消耗与时间成本付出有着本质的区别。相比于线下导购，网络直播能够避免用户在面对面时可能发生的压迫感、被动感甚至是尴尬感，给顾客更舒服、更专业、更有观赏性的导购，提升顾客的主动权和体验感。观看直播还可以帮助部分顾客填充零碎时间，消遣解闷。Z世代的新兴用户是直播电商消费的主力军，这个群体更希望能够在消费过程中获得认同、陪伴以及被聆听（敖成兵，2021），而在直播电商富有人情味的关系互动、及时专业的答疑过程中，顾客更容易感知到受尊重、受关注、受重视的服务体验。在审美与偏好一致的网络服务场景中，顾客还能够结识志同道合、情感共振的网友，形成基于消费认同的虚拟社群。例如，生活在贵州省黔东南苗族侗族自治州天柱县雷寨村的快手主播"爱笑的雪莉吖"袁桂花拥有300多万粉丝，这些粉丝因认同和喜欢袁桂花的人物特质和土特产制作工艺而会聚在了一起。

从单一价值输出到多元价值输出的转变，不仅满足了现代社会的顾客需求，对于农产品生产者也是意义重大，因为他们卷入了产品功能与服务功能、实用价值与精神价值双重供给的价值链之中。农产品的实物消费可能会达到饱和状态，而具有情感体验的精神消费市场则是无限的。产品功能与服务功能、实用价值与精神价值的双重供给，本质上就是拓展了农产品的功能，这有助于改变农产品的需求价格弹性，实现增量与增益的统一。

（四）机制Ⅲ：从单向价值独创到多方价值共创

在传统线下模式中，农产品上行的产品流和信息流同步，并且都是自生产者到顾客的长链单向流动，体现的是一种企业根据经验和想法单向价值创造的思维。这种以供给方为主导的营销，由于缺乏与顾客的充分沟通和互动，产品的生产容易停留在同质和停滞的状态。在快速变化的互联网情境下更是难以形成顾客黏性（吴瑶等，2017）。尽管传统电商在顾客参与方面有了提升，但传统电商的需求信息反馈链条较长、时效性不足，顾客反馈的积极性不高，大量评论是默认的结果。直播电商模式使农产品上行的价值创造方式发生了创造性破坏，实现了高效的多方价值共创。首先，信息流呈现高度交互。信息是价值创造的基础，在直播电商模式中，无论是直播前主播与生产者、主播与 MCN 机构、主播与平台之间的信息交互，还是直播中主播与顾客之间、顾客与顾客之间的信息交互，都为价值共创提供了强大的信息源。网络服务场景俨然成为一个以主播为中心的网状传播系统，所有人都是能动性的信息节点，同时也变成信息的一部分。主播作为顾客的直接互动者，其在广泛听取和收集顾客反馈的信息后，自然地被赋予了意见领袖的角色和责任，推动价值共创的实现。其次，顾客的主动选择权被提升到前所未有的高度。这种主动权不仅是用户主动选择商品，更是主动选择陪伴自己完成消费过程的主播，以及通过点赞、评论、分享、转发、打赏等形式表达对其价值主张的看法。换言之，直播电商模式本质上是一种服务主导、用户本位的价值创造逻辑，其通过互动模式的迭代实现了从以货为起点到以人为起点的根本性转变，能够助力需求主导供应链，促进电商向客对商（C2B）、用户直连制造（C2M）进阶。互动效应和实时反馈促进供需高效精准匹配，私域流量和粉丝效应能有效促进定制化选品，凸显顾客会员服务价值。直播电商模式使得相关主体尤其是顾客参与价值共创活动的积极性和利益性程度更高。顾客由此转变为生产型消费者（productive consumer），即顾客愿意参与到产品的生产过程中，而他们的情感倾注使得商品消费更有意义。最后，价值共创主体相互启发。在直播过程中，参与主体通过信息共享、情绪反应、问答互动等形式调动顾客头脑风暴，双方互相启发，诱发平民化中心的出现。部分顾客逐渐变得更加见多识广且思考深入，最终提出了很好的价值主张。直播电商模式不仅实现价值输出与价值创造的同步化，提升了价值链的运作效率，还促进了价值主张的多元性和动态性的显著增强。

三、释放直播电商价值重构红利的实现路径

相较于传统线下模式，直播电商通过营造高赋能的网络服务场景推动了农产品上行价值重构，具体表现在直播电商模式使得农产品上行从长链价值传递转变为短链价值传递，从单一价值输出转变为多元价值输出，从单向价值独创转变为多方价值共创。从价值重构的视角呈现农产品直播电商的本质优势，这是在同等条件下相较于以往模式而言的，所谓的模式优势并非意味着这种模式可以无条件成长和复制。事实上，农产品直播电商虽然发展迅猛，但仍处于初级发展阶段，还存在一些问题有待解决。为充分释放直播电商对农产品上行的价值重构红利，政府还需要加强引导和规制，重点围绕夯实农产品供应链基础、提升农民直播专业技能、加强农产

品直播电商监管以及鼓励开展农产品直播行业自律等方面进行政策部署。

（一）夯实农产品供应链基础

农产品供应链是农产品直播价值链的基础和底层支撑。虽然现代商业社会中顾客瞄准的不是物，而是价值，但产品的实用功能是最基础的价值。供给方如果连最基础的价值都无法给予有效保障，其他价值也就无从谈起，无疑将失去顾客的信任。信任是经济繁荣的基础，网络服务场景的建构正是体现了现代商业文明在消除信息不对称，增强消费信任上所做的努力。但是，农产品直播电商的健康发展绝不能"重服务场景构建、轻供应能力建设"。想要获取顾客的信任，还需要增强他们对产品质量的技术信任和对产品售后保证的制度信任。现实中，局部地区出现了直播间内所展示的农产品品质优良，而到手的却是以次充好的商品的不良现象。不管这种结果是供应方有意或无意为之，都必须引起重视、引以为戒。地方政府应加强本地商品质量与售后保障的信任能力建设，同直播带货的信任增强形成同步联动，重点提高农民生产的组织化程度，推进农产品生产、加工、包装、仓储、运输等环节的标准化建设，加强农产品质量检测与溯源体系建设，进一步完善农产品物流快递配套服务。

（二）提升农民直播专业技能

虽然近两年农产品直播电商发展迅猛，部分农民陆续加入农产品直播电商的浪潮，但农民直播总体上还处于主播随意化、内容粗放化、形式单一化的初级发展阶段，存在经营思路狭隘、发展方向模糊、依赖模仿、缺少新意等不足。随着直播行业的发展，主播的头部化、专业化趋势日益明显，直播用户对主播的综合要求越来越高。例如，对于用户提出的问题或需求，主播应在第一时间反馈，给予专业化的解释；主播应适时开展有趣的活动与用户进行互动，激励用户参与，注重培育积极活跃的氛围；主播应将公正、客观推荐好货的话语嵌入具有个人特征的情景，在这种亲密与随意的氛围中，更容易获得消费者的情感共鸣与关系认同（姚曦、张梅贞，2021）。地方政府应加强与直播平台企业、电商服务企业、高校科研机构等单位的合作，建立高质量的直播基地，举办多层次的直播技能专业培训，不断提高农民的直播技巧和专业素质。要重点提升农民设计个性化服务场景、提高观赏性和趣味性、增强实时互动等方面的能力，尽量避免直播形式和内容的同质化，目前大多数直播间或是主播极力吆喝或是展现田间地头的景象，很难突出地方特色和文化深度。对此，地方政府要引导主播挖掘当地的农产品特色及其蕴含的文化价值，可考虑对具有创新性的农产品直播间给予一定的奖励和补助。

（三）加强农产品直播电商监管

农产品直播电商在快速发展的同时，也暴露了该领域行政监管的相对缺失及其引发的一些问题，主要包括网络流量等数据造假、虚假广告、夸大宣传、过度营销，出现低俗话语和暴力色情内容、产品质量难保障以及消费者投诉维权难等。例如，2020 年出现的辛巴团队"糖水燕窝"事件、罗永浩"羊毛衫假货"事件。地方政府应尽快探索建立成熟的农产品直播电商市场监管机制，对农产品直播前、中、后全过程实施严格把控和全面规范。首先是要出台更具强制力的直播电商法律法规，厘清各有关主体的权责，防止问责追责隐患，出台纠纷处理办法，建立黑名单通报制度，坚决对那些违规的直播间和相关主体进行惩罚和处理。其次是联合直播电商平台对所售卖的农产品实行严格准入审核、抽检和统一管理，确保食品安全和农产品质量合格。再次是督促直播电商平台加强对直播商家的管理，规范其直播行为，维护消费者权益，帮助用户有效识别商家信誉，一旦监测发现主播存在违法或违法协议等不当行为时，须及时向有关部门反映。最后是提高用户素养，引导公众依法、有序、理性参与网络直播，防止过度问责、语言暴力、恶意攻击等非理性、偏激化的互动行为，造成恶性循环。

（四）鼓励开展农产品直播行业自律

行业自律是行业协会等产业性组织对企业及个人行为制定和实施的规范及规范化过程，是行业协会等产业性组织的重要职责之一，对推动一个地区产业的健康可持续发展有着重要的积极作用（曾亿武等，2021）。目前我国农产品直播电商领域的行业自律呈现缺失状态。地方政府应出台有关政策文件，积极引导和支持有关主体成立农产品直播电商行业协会，适当给予经费扶持，鼓励其探索建立良好的运行机制，促进加强会员之间的交流互动，有效发挥行业自律的作用。对于那些涉及区域特色农产品的直播间，农产品直播电商行业协会应确立基本的区域共同知识和消费价值观，引导和督促主播在直播过程中要承担好传播积极消费价值观、维护区域形象、输出准确产品信息和文化的责任，确保言行不会对顾客和本区域造成不利影响。最后补充说明的是，鼓励开展农产品直播行业自律的最终目的是要将其融入整个农产品直播电商的治理体系之中，即构建起由政府、直播电商平台、行业协会、消费者、主播、MCN 机构、媒体等多方组成的协同化治理体系。

第四章

数字乡村建设与小农户发展：
电子商务参与视角

DIGITAL COUNTRYSIDE CONSTRUCTION: THEORY AND PRACTICE

———

如何实现小农户与大市场的衔接是许多以小农户为主体的发展中国家面临的一大难题。一方面，在绝大多数发展中国家，由于农户规模较小和市场发育不完善，农户在进入市场时往往面临许多挑战（Markelova et al., 2009；Poulton et al., 2010；Ma and Wang，2020），包括低效的生产、新技术和新理念采纳的迟缓、高昂的交易成本等，这些都限制了小规模农户的产品交易半径和市场获益能力，进而制约其经济可持续增长与福利改善。另一方面，作为发展中国家农食系统的源头主体，小农户在其中发挥着极其重要的作用，其可持续增长能力几乎决定着发展中国家农食系统的总体水平，影响着国家食物生产能力、营养保障可持续性和农食保障体系的韧性。

电子商务的出现和应用为构建有能力的、可持续的、有韧性的农食系统提供了可能。电子商务在发展中国家的出现和发展使得农户可以通过互联网销售产品，这帮助小农户跳过中间商直接对接消费者，实现将营销环节和售后服务内部化，既减少了流通环节，又促进信息收集、以销定产以及农户与消费者之间的互动。这使得发展中国家小农户可以突破传统市场发育不完善的限制，成为他们获得国内和国际市场准入的一个新途径（Jamaluddin，2013；Ma et al.，2020）。近年来中国的农村电商发展举世瞩目。这很大程度上得益于中国农村道路和网络基础设施日益完善、互联网普及率和网民规模快速增长、物流配送体系不断向农村地区蔓延辐射、第三方电子商务平台的兴起，以及中国巨大的、快速增长的农产品需求市场。本章梳理中国小农户参与电子商务发展的途径与主要模式，分析电子商务助推小农发展的机理和证据，总结电子商务助推小农发展的中国经验，为发展中国家利用电子商务连接小农户与大市场提供借鉴。

一、小农户参与电子商务的途径与主要模式

互联网提供了一个实现产销主体跨地域直接对话且高度集聚的虚拟平台，这使得传统模式中联结产销两端的中间商的地位受到巨大冲击。在互联网平台和现代物流的支持下，部分农户可以实现与消费者的直接交易，部分农户则在合作组织的基础上利用互联网对接消费者，还有的农户或合作组织通过与电商企业（包括平台企业和运营服务商）合作的方式间接利用互联网对接消费者。电子商务的发展，改变了传统农产品流通体系，新旧流通体系之间有着明显差异（见图4-1）。

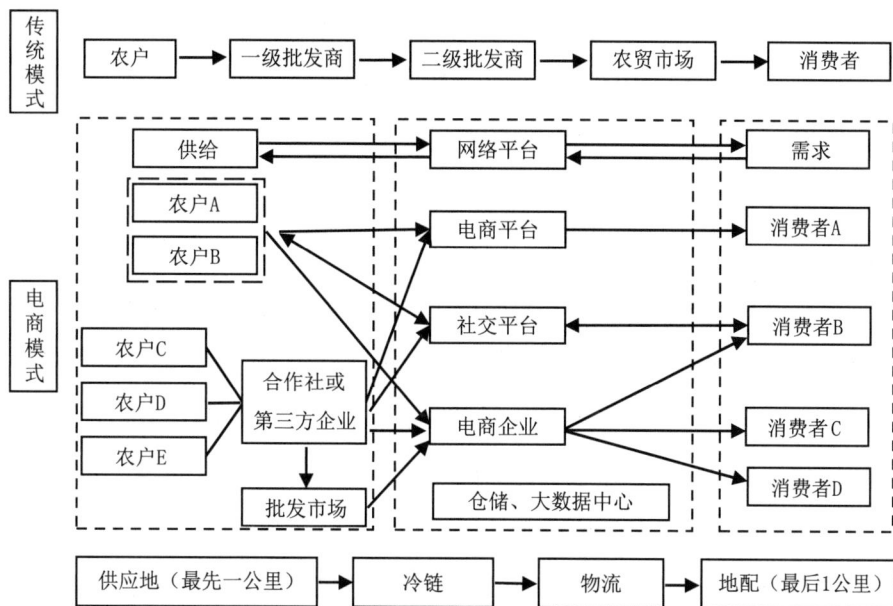

图 4-1 电子商务背景下农产品流通体系

根据农户在电子商务背景下扮演电商角色及参与程度不同，电子商务助推小农户对接大市场模式主要分为如下几种模式（见表 4-1）。

一是农户依托电商平台自主经营模式。近年来，在中国的农村地区，一些农户以家庭经营的形式在第三方电子商务平台上开设网店实现与消费者的直接联系，农户借助互联网成功绕开中间商直接销售给外地消费者。这种模式主要出现在具有特色农业产业、基础设施和物流配套便利、农户创业创新氛围活跃的地区。一方面，第三方电商平台集聚了大量的消费者，这对电商农户而言，既带来了机遇，也带来了挑战。电商农户如果经营成功，不仅可以解决自身的农产品"卖难"问题，赚取比传统模式下更高的利润，还有机会在网络市场上塑造属于自己的品牌，并从其他农户手中收购更多的农产品，成为网络销售大户，实现收入大幅增长。另一方面，网络市场竞争充分，网店数量众多，同质化竞争和价格战十分激烈，这对电商农户的经营能力提出很高的要求。随着时间的推移，在网店装修、用户引流、图片美工、推广促销等方面的投入费用也会越来越多。

二是农户依托社交平台自主经营模式。除了借助电商平台的自主经营模式以外，在中国的农村地区，一些农户还通过在微信、微博、抖音等网络社交媒体上展示生产过程和产品信息，增强与消费者的直接联系。这种基于移动互联网的空间，以社交软件为工具，以人为中心，以社交关系为纽带的新商业，被称为"微商"。与电商平台相比，社交平台的进入门槛更低，操作更加简单，产销双方之间的互动更加灵活和丰富，并且不需要投入电商平台的网店装修和推广费用。农户通过微信和微博在朋友圈、粉丝群把产品的实时动态分享给好友，提升他们的信任度与黏性。基于社交平台，农户还有机会将线上顾客转化延伸到线下农家乐和农产品采摘体验中来，或者开展私人定制农业（例如果树认养）的新商业模式。但是，这种依托社交平台自主经营的模式需要具备一定的条件，除了产品质量好、物流条件便利以外，还要求经营者的熟人关系圈子广，并掌握良好的传播技巧，例如，在最佳的时间点图文并茂或利用小视频在朋友圈展示产品；否则，即便使用了社交平台，农户的销售规模也很有限。有的地区具有丰富的乡村旅游资源，拥有较大的访客流量，农户利用网络社交媒体与旅客建立联系，而旅客在旅游的过程中加深了对当地农业的了解和体验，形成感知和信任，这些为农户日后开展社群营销创造了条件。

三是农户与电商企业合作经营模式。在中国的农村地区，还有些农户以家庭或专业合作社为单位，通过与电商平台企业或运营服务商建立供货合作关系间接利用互联网对接市场，同样分享到一定程度的数字红利。这种模式适合于能够生产较大规模的优质农产品，但直接利用互联网对接市场的意识、条件和能力较弱的农户和合作组织。合作的电商企业发挥自身专业优势，通过互联网平台进行信息采集、大数据分析、行业研判以后，将以消费者需求为导向的精准信息流传递到生产端，引导供货给自己的农户和合作组织开展相应的标准化生产、严格的品控流程和统一规范的产品包装。在这种模式中，农户和合作组织虽然没有属于自己的互联网渠道直接销售产品给消费者，但是在第三方合作者的引导下，不仅规避了盲目生产，还提升了综合生产能力，因而同样获益不少。然而，农户或合作组织与第三方合作者属于不同的利益主体，双方之间会面临履约不确定性和谈判力量不对等的问题。从一些地方的实践来看，这种模式也能起到一种过渡的作用，农户和合作组织在与第三方合作的过程中不仅优化了生产，提升了产品质量和知名度，而且逐渐形成互联网思维；随着所在地支撑电子商务发展的配套条件不断成熟，其中的一些农户和合作组织可能会尝试自己直接利用互联网对接市场。

目前农户利用电子商务对接市场的三种主要组织模式的基本特征如表4-1所示。从准入门槛的角度看，农户或合作组织依托电商平台和社交平台自主经营的准入门槛较低，这得益于一些具有包容性创新特点的网络社交媒体和电子商务平台不断被开发出来，为农户对接广阔的外部市场提供了机会和便利。

从农户利益的角度看，农户以家庭或合作组织为单位依托电商平台和社交平台自主经营的组织模式能够获得最大程度的数字红利。

表 4-1　电子商务助推小农户与大市场连接主要模式比较

组织模式	准入门槛	农户利益	线上竞争压力	适用农户范围	实现显著增收的难度
农户依托电商平台自主经营	低	大	大	小	大
农户依托社交平台自主经营	低	大	小	大	大
与电商企业合作	高	中	无	小	中

从线上竞争压力的角度看，农户依托电商平台自主经营面临的竞争压力最大，农户依托社交平台自主经营面临的竞争压力较小。原因在于后一模式中，一方面农户无须投入网店装修和推广费用，另一方面熟人关系圈子是属于每个农户自己的，具有专用性和绝缘性。在农户或合作组织与电商企业合作的组织模式中，农户或合作组织只需专注于线下生产环节，完成供货，线上的竞争压力完全由电商企业承担。

从适用农户范围的角度来看，农户依托电商平台自主经营虽然准入门槛低，但经营成功的难度较大，需要的投入和面临的风险较大，绝大多数农户并不适合采用该模式。农户依托社交平台自主经营的模式不仅准入门槛低、操作简单，而且无须资金投入，因而适用于多数农户。农户或合作组织与电商企业合作的组织模式则仅仅适用于少数规模化农户。

从实现显著增收的难度来看，农户无论是依托电商平台还是社交平台实现显著增收的难度都是很大的。虽然依托社交平台的经营模式适用于多数农户，但是由于多数农户的非同行关系圈子并不大，产品依托社交平台实现直销的比例往往很低，只能充当传统销售渠道的一种辅助或补充手段，增收效果并不显著。相比较而言，农户或合作组织与电商企业合作的组织模式实现显著增收的难度为中等，前者得益于规模经济效应的发挥以及

"集中资源办事情"的优势，后者得益于在与电商企业的合作过程中生产能力的提升和产品销路的拓展。

二、电子商务助推小农户发展的机理

电子商务能够促进小农户更好地接入大市场的作用途径与机理如图 4-2 所示。

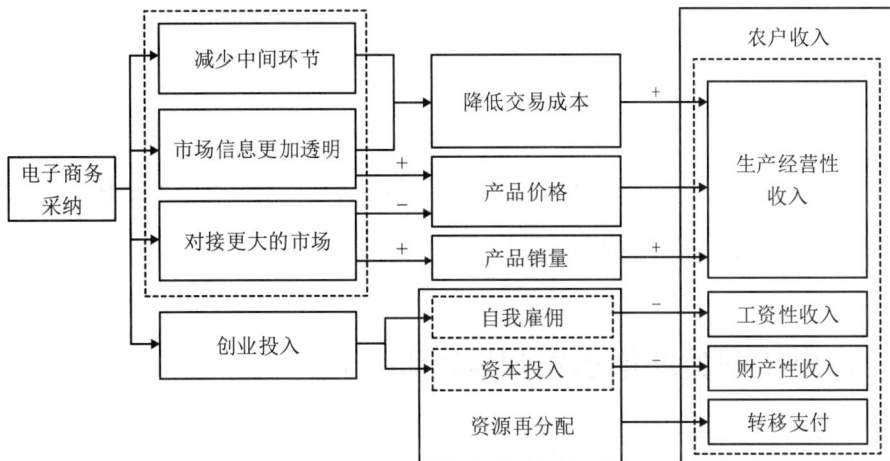

图 4-2　电子商务助推小农户发展的影响路径

第一条影响途径与交易成本相关。通过运用电子商务，农户可以通过网店将产品直接销售给消费者，减少了中间交易环节。单位交易成本对于小农户而言在几乎所有的交易环节中都比较高（Poulton et al.，2010），而通过互联网销售产品，减少部分或全部的中间环节，可以降低农户的交易成本，在销售等量的产品时能够获得更高的收益，从而提高农户收入。

第二条影响途径是与交易信息有关。电商渠道可以帮助农户在一定程度上减少价格和技术上的信息不对称。透明的市场信息将减少套利机会，进而提高市场效率。从农户的角度来看，电子商务对价格的影响效应没有定论。一方面，由于减少了来自中间环节对价格的挤压和市场信息不对称，电子商务的采用使得农户能够以比以前更高的价格销售他们的产品（Zeng et al.，2017）；另一方面，由于竞争加剧，市场整合可能会降低产品价格（Tang and Zhu，2020）。

第三条与市场规模有关。采用电子商务可以帮助农户将其产品销售给更广泛的客户群体，这也许是电子商务促进农户福利增长最重要的途径。Tang 和 Zhu（2020）认为，电子商务为农户在全国范围内销售当地产品提供了机会。同样，电子商务的采纳帮助农户扩大市场，农户能够接触到大量在没有电子商务的情况下无法接触到的客户。因此，电子商务使农户能够抓住机会生产并销售更多适合网上销售的产品。

三、电子商务助推小农户发展的实证

大量的实践证据已经指出，电子商务能提高小农户收入，成为促进农村发展和减贫的重要手段（Zeng et al.，2017；Qi et al.，2019）。中国家庭金融调查与研究中心发布的农村网商发展报告显示，村庄网商密度与家庭收入成正比。在家庭特征类似的条件下，网商可提高家庭收入 2.05 万元，提高家庭财富 21.3 万元（与无网商家庭比）。曾亿武等（2018）基于江苏省沭阳县 1009 个花木农户的调查数据发现：电子商务采纳能够对农户农业收入产生显著的促进作用，利润率和销量的提升构成增收效应的来源机制。Li 等（2021）利用山东、江苏和浙江省调查的农户数据，进一步发现：农村电子商务的采纳会使得农户生产经营性收入大幅增长，财产性收入小幅增长，工资性收入小幅减少，转移支付没有显著变化。尤其是对于贫困地区，农村电商在精准扶贫中起到了重要作用，已成为脱贫的重要手段。林海英等（2020）基于内蒙古贫困户的微观调研数据发现，参与电子商务对贫困户家庭收入具有明显促进作用，在其他条件不变情况下，贫困户参与网络销售能够使贫困户家庭收入增加 27.22%。

但是，也有一些研究表明，农产品电子商务可能会产生"数字鸿沟"效应，并在不同区域和家庭特征等方面存在显著差异。Li 等（2021）研究发现，相对贫困的县（相对于较为富裕的区县）和相对贫困的农户（相较于富裕农户），采纳农村电子商务对农户收入的影响更大。户主越年轻、受教育程度越高，家庭规模越小，初始收入越少，耕地越多的家庭，通过电子商务获得的收益越高。出现"数字鸿沟"的原因是多方面的，地区经济发展不平衡是根本，因为这决定了信息基础设施建设在不同地区的推进速度（胡鞍钢、周绍杰，2002），导致不同地区的群体对数字技术的采纳存在时间差（张伦、祝建华，2013）。同时，地区差异还体现在居民受教育水平上，因为这直接决定了农户信息利用的能力。通常能力越强的人从数字经济中的获益更多（Clark and Gorski，2002；Mills and Whitacre，2003）。刘晓倩、韩青（2018）和曾亿武等（2018）把出现"数字鸿沟"的原因概括为包括物质资本、人力资本、社会资本在内的资本禀赋差异。

四、电子商务助推小农户发展的中国经验

（一）国家政策推动

近十多年来，中国电子商务的快速发展离不开中国政府的政策支持。2005 年，国务院办公厅印发《关于加快电子商务发展的若干意见》，将电子商务合法化作为促进中国经济增长的国家战略。此外，还通过了新的立法来规范和确保互联网电子商务的安全。国家陆续出台政策措施，加快电子商务向农村渗透。自 2014 年以来，中共中央 "一号文件" 连续 6 年强调了推进农村电子商务的重要性。地方各级政府也制定了相关的政策和法规，支持和促进农村电子商务的发展。迄今为止，商务部已经将全国 1016 个县（其中 737 个是国家级贫困县）作为电子商务进农村综合示范县，给予了资金和政策扶持。各地方政府利用专项资金开展了电子商务相关人才培训，创办了各具特色的电商产业园。同时，中国电子商务的快速发展也离不开中国政府对农村电商发展基础设施的投入。据中国农业农村部信息中心发布的《中国数字乡村发展报告（2022 年）》，中国农村网络基础设施实现全覆盖，截至 2021 年底，全国建制村通宽带比例达到 100%，通光纤、通 4G 比例均超过 99%，基本实现农村城市 "同网同速"。5G 加速向农村延伸，截至 2022 年 8 月，全国已累计建成并开通 5G 基站 196.8 万个，5G 网络覆盖所有地级市城区、县城城区和 96% 的乡镇镇区，实现 "县县通 5G"。截至 2022 年 6 月，农村网民规模达 2.93 亿，农村互联网普及率达到 58.8%。同时农村电商公共服务基础设施建设不断加强，截至 2022 年 7 月，电子商务进农村综合示范项目累计支持 1489 个县，支持建设县级电子商务公共服

务中心和物流配送中心超 2600 个。快递服务不断向乡村基层延伸，"快递进村"比例超过 80%，2021 年农村地区收投快递包裹总量达 370 亿件。互联网基础设施的完善，城乡总体差距缩小，成为农产品电子商务发展的重要基础。

（二）电商平台拉动

除了农户主动学习利用互联网开展农产品营销以外，中国一些平台企业也积极加快布局农村市场，通过建立电子商务服务站的形式帮助当地的农户将农产品顺利销往大都市。例如，阿里巴巴集团于 2014 年 10 月发布了"千县万村"计划，提出将在三到五年内投资 100 亿元，建立 1000 个县级运营中心和 1 万个村级服务站，构筑"县—村"两级的农村电子商务服务体系，一方面打通"消费品下乡"的信息流和物流通道，另一方面探索"农产品上行"渠道，最终形成面向农民的电商生态服务中心。京东、苏宁、中国邮政等企业也陆续实施了类似的计划。在过去的几年间，中国各类涉农电商平台发展很快。农村电商平台种类不断丰富，农村电商形态也在不断演变。中国农产品电商形成了 B2B、B2C、C2B、O2O 等多种模式，涵盖了综合性电商、社交电商、生鲜电商、农资电商、大宗农产品电商以及各种物流配送供应链，并拥有各种提供金融和信息技术支持的服务类电商，农产品电商生态体系已基本形成。2022 年"手机成为农民的新农具、直播成为农民的新农活、数字成为农民的新农资"，据第 51 次《中国互联网络发展状况统计报告》，我国网络短视频用户规模达 10.12 亿。短视频应用助力农产品销售。农户、商家通过短视频、直播来宣传和推介优质农产品，为农产品进城打开销路。抖音、快手、淘宝、西瓜视频、有赞、第一视频等直播电商发挥较大的作用，其中以抖音、快手、淘宝为三足鼎立的态势。电商平台的发展为小农户参与市场提供了丰富的机会。

（三）新农人带动

伴随着相关政策的支持、市场的不断成熟、相关配套措施的跟进和电子信息技术的发展，农村电商对乡村就业以及人才的吸引力显著提高。一大批大中专毕业生、中小企业主、农民工、留学归国人员等各类人员到农村从事电商创业，涌现了一批既懂电商也懂农产品，同时思路开阔、勇于创新、营销灵活、能对接分散小农户的新农人，带动中国务农群体劳动力结构发生了巨大变化。中国农业农村部信息中心发布的《中国数字乡村发展报告（2022年）》显示，返乡入乡创业就业快速增长，2021年中国返乡入乡创业人员达1120万人，较上年增长10.9%，其中一半以上采用了互联网技术。市场主体数字乡村业务快速拓展，电信运营商、互联网企业、金融机构、农业服务企业等市场主体积极投身乡村数字经济，研发相应的平台、系统、产品，推动智慧种养、信息服务、电子商务等业务在农业农村领域不断拓展。人才回流乡村也为农村电商的发展注入了全新的发展力量，直接推动了农村电子商务的发展。2022年中国农村电商也得到了稳步发展，2022年全国农村网店达1730万家，其中超三成为直播电商。2022年淘宝村、淘宝镇又有新的突破，分别累计达到7780个、2429个[①]。

---

① 数据来源：中国食品（农产品）安全电商研究院与北京工商大学商业经济研究所发布的《2023年中国农产品电商发展报告》。

CHAPTER 5

| 第五章 |

数字乡村建设与农户数字红利：
大数据产品使用视角

数字乡村建设要求统筹推进互联网、物联网、云计算、大数据、人工智能、区块链等现代信息技术在农业农村的综合应用，技术的前沿性和集成性较强，溢出效应显著。随着物联网、云计算、大数据、人工智能等新一代数字技术的迅猛发展，数据要素在农业农村经济社会发展中的作用将越来越强，基于数据要素的数字创业和数字创新活力迸发，以及在数据驱动下政府数字治理和数字服务的能力得到显著提升，这也是数字乡村建设阶段与此前的农业农村信息化发展阶段的一个重要区别。从当前各地的实践情况来看，数据要素的赋能作用主要体现在四个方面：一是为数字普惠金融提供数据支撑，促进数字普惠金融的快速发展；二是辅助政府部门的决策和管理，促进政府治理能力的全面提升；三是辅助地方产业的规划制定，增强产业风险预警和市场预测能力；四是辅助经济主体的生产经营，提升精准生产和敏捷供应的能力。本章以电商农户使用大数据产品辅助网店经营为例，探讨注重发挥数据要素驱动作用的数字乡村建设如何给农户带来新的数字红利。

大数据是指一种规模大到在采集、存储、管理、分析等方面明显超出了传统数据库软件工具能力范围的数据集合，具有数据容量大、数据传递快速、数据类型多样、数据更新及时、数据质量高等特征，合理运用大数据，可实现以低成本创造高价值（Chi et al.，2016；Rodriguez et al.，2017）。随着现代社会的快速发展、信息化的快速膨胀和互联网的迅猛传播，各种海量的数据化信息被不停地生产、收集、存储、处理与利用，大数据时代随之来临，带来了全方位的社会变革，深刻地影响着人们的生产和生活。目前大数据分析技术正被加速应用于不同的行业，例如金融、保险、网络营销以及科学研究（Cooper et al.，2013；Waga and Rabah，2014）。政府组织也在使用大数据分析技术增强服务公民的能力，以更好地应对来自经济、医疗、创造就业、自然灾害和恐怖袭击等方面的挑战（Kim et al.，2014）。

近十多年来，中国农村电子商务发展十分迅速，越来越多的农户[①]借助第三方电商平台开展网络营销。电子商务平台汇聚各方主体，沉淀交易记录、评论信息、搜寻痕迹等海量数据，对这些大数据的挖掘和分析，能够为网商的线下生产和线上经营提供重要指引（曾亿武等，2018）。现实中，已有部分电商农户使用"生意参谋"[②]等大数据产品辅助网店经营决策，

---

① 在本书中，农户是一个区位概念，指居住在农村地区的家庭，不局限于从事农业经营活动；并且按照是否有开网店，将农户分为电商农户和非电商农户。换言之，本书将电商农户定义为利用电商平台开展网络销售的农村家庭。

② "生意参谋"诞生于2011年，是阿里巴巴开发的商家端统一数据产品平台，覆盖淘宝、天猫等阿里系所有平台和PC、无线等全部终端，集数据作战室、市场行情、装修分析、来源分析、竞争情报等数据产品于一体，涉及数据指标上千个，是大数据时代赋能电商卖家的重要平台。据天下网商披露，2016年"生意参谋"累计服务商家超2000万，月服务商家超500万；淘系月成交额30万元以上的商家中，逾90%在使用"生意参谋"；月成交额100万元以上的商家中，逾90%每月登录"生意参谋"天次达20天次以上。详见http://www.iwshang.com/Post/Default/Index/pid/244213.html。

但仍有很多电商农户尚未选择应用大数据产品。究竟存在什么关键因素显著影响着电商农户的大数据产品使用行为，并且大数据产品的使用会对电商农户的收入水平和收入差距产生怎样的影响效应，对这些问题进行研究，具有重要的理论价值和现实意义。一方面，有助于加深对电商农户大数据产品使用行为规律和效应机理的理解，以及形成对大数据产品使用实际效果的客观评价和正确认识；另一方面，可以为政府部门促进农村电子商务高质量发展，以及推动大数据广泛应用和深度服务于农村地区的相关政策制定提供科学依据和决策参考。

一、农户大数据产品使用的驱动因素

电商农户对大数据产品的使用本质上是一种新技术采纳行为。在技术采纳行为理论看来，个体对新技术的主观感知是影响其技术采纳意向和行为的关键因素。例如计划行为理论（TPB）认为，个人感知到完成某一技术采纳的难易程度是影响个人技术采纳行为的重要解释变量，个人认为所拥有的资源与机会越多而预期阻碍越小，其感知行为控制也就越强，更易促成技术采纳行为的发生（Ajzen，1991）。再如技术接受模型（TAM）提出，感知有用性和感知易用性分别反映技术采纳者对于技术优越程度和操作难度的主观评价，共同决定着个体对于新技术的行为态度（Davis，1989）。主观感知固然影响技术采纳行为，但个体对新技术的主观感知存在差异的深层次原因更为重要，即技术接受模型所提到的"外部变量"。对于电商农户而言，知识获取渠道（access to knowledge）是影响他们对新技术主观感知的一个重要因素。借鉴 Fallah and Ibrahim（2004）的有关观点，电商农户的知识获取渠道可以划分为知识转移（knowledge transfer）和知识溢出（knowledge spillover）两种基本途径。知识转移是有意识地开展正式的学习与交流，目前其主要的实践形式是参与电商技能培训；知识溢出即电商农户之间日常交往过程中无意识的知识共享和信息传播。

（一）培训经历与农户大数据产品使用

在现代人力资本理论框架中，职业培训与医疗保健、正规教育、迁移活动、"干中学"等一道构成人力资本积累的重要投资方式（Schultz，1961；Becker，1964；Grossman，1972；Lucas，1988）。职业培训是提升人力资本中技术素质和专业能力的重要途径，具有较强的针对性和实用性，能够在短时期内快速有效传递专用性知识和技能。已有研究表明，职业技能培训对提升农户人力资本要素水平的作用显著（张银、李燕萍，2010；屈小博，2013），对正规教育具有一定的替代效应，在正规教育不足的情况下，农户通过投资技能培训也能获得较高的回报（展进涛、黄宏伟，2016）。参与电商培训是电商农户提升自身电子商务专业知识和技能的重要途径。部分村庄的实践显示，政府举办的各类电商培训，有助于提高电商农户的网店经营水平（魏延安，2017；曾亿武等，2019），并推动部分电商农户开始使用甚至是深度使用平台企业提供的大数据产品。电商培训经历有助于加深电商农户对电子商务和大数据分析技术的了解程度，提升其相应的人力资本，使电商农户对大数据分析技术的主观感知结构发生调整，即具备了较强的感知行为控制以及较高水平的感知有用性和感知易用性。随着电商培训经验的不断积累，电商农户将愈发深刻地认识到应用大数据分析技术的重要性，从而获得更强的技术警觉性，这种创业者群体应有的警觉性的增强将提升他们对技术背后商业机会的识别能力（郭红东、周惠珺，2013），并推动其大数据产品使用行为的发生。

（二）内群体交往与农户大数据产品使用

基于血缘、亲缘、地缘和业缘的中国乡土社会关系呈现一种"差序格局"特征（费孝通，1998）。源于人们日常交往的知识溢出效应，顺着乡土社会关系的亲疏变化轨迹，同样呈现着差序化的结构特征。在差序格局的各个层次中，最内圈的人与中心人物的关系最紧密、感情最深厚、交往最频繁，知识溢出效应也最大；随着圈子向外推，关系和情感的因素逐渐减弱，交往也越来越少，知识溢出效应逐渐变小。社会认同理论使用"内群体"（in-group）这一概念衡量个人在社会关系中对于自身群体成员身份的认同与归属，个体会不自觉地进行圈内人和圈外人的比较，进而产生对自己所属群体的积极认同，并倾向于给内群体成员较多的资源和互助（Turner et al.，1983）。人们的知觉、态度和行为受到个体对内群体的偏爱以及对外群体的偏见的影响，内群体认同感越强，其行为决策越容易受群体成员身份以及群体内部其他成员的影响（Tajfel and Turner，1986；Ellemers et al.，1999）。在中国乡村地区，内群体交往是影响农村居民享有知识溢出效应的一个极为关键的因素。对于电商农户，其内群体具体指"从事网络营销的亲戚朋友"，他们之间具有紧密的联系和较高的相似性。电商农户的内群体交往有助于促进与电子商务相关的大量信息的快速分享，从而增加电商农户触碰并深入了解大数据分析技术的可能性。正如曾亿武等（2019）所指出的，新技术和新机会不断从外部传导到农村地区，拥有丰富社会资本的农户，通常会有更高的概率从中受益。此外，在电商农户内群体交往的过程中，率先使用了大数据产品的内群体成员所产生的先驱效应和榜样力量会比外群体成员强大得多。内群体成员之间的相似程度高，使得他们采取相同行为的预期结果也趋于近似，并且，对内群体的认同和偏好，也促进了他们采取较为一致的行为决策。

（三）实证检验

利用山东曹县、江苏沭阳和浙江临安三地 397 个电商农户的问卷调查数据对电商农户大数据产品使用行为的驱动因素进行实证研究。

表 5-1 报告了电商农户大数据产品使用行为影响因素的回归结果。其中，方程（1）和方程（2）对应的是二元 Probit 模型，方程（3）对应的是二元 Logit 模型，方程（4）对应的是 LPM；方程（1）仅引入培训经历和内群体交往两个核心解释变量，没有考虑其他控制变量，方程（2）、（3）和（4）在方程（1）的基础上增加性别等控制变量。从表 5-1 可以看到，培训经历和内群体交往均对电商农户的大数据产品使用行为产生显著的正向影响，方程（2）估计结果显示，电商农户参与电商技能培训的次数每增加 1 次，其使用大数据产品的可能性将提升 2% 左右；电商农户拥有的从事网络销售且经常联系的亲友家庭每增加 1 户，其使用大数据产品的可能性将提升 0.5%。实证结果具有良好的稳健性，表明以培训为主要形式的知识转移和以内群体交往为核心的知识溢出对于驱动电商农户使用大数据产品辅助其网店经营决策具有重要的积极作用。

控制变量方面，工作经验、工作经验平方、网店经营年限和主营产品类型同样显著影响电商农户的大数据产品使用行为，而性别、年龄、受教育年限、是否为党员和创业经历没有产生显著影响。工作经验的回归系数为正，与此同时，工作经验平方的回归系数为负，说明工作经验对电商农户大数据产品使用行为产生先促进后抑制的作用，两者呈现倒 U 形关系。网店经营年限的回归系数为正，说明从事网店经营的时间越久，则电商农户使用大数据产品的可能性越大。主营产品类型的回归系数为负，说明相比于农产品，主营非农产品的电商农户具有更高的大数据产品使用倾向。

表 5-1　电商农户大数据产品使用行为影响因素的回归结果

变量	（1）	（2）	（3）	（4）
	Probit	Probit	Logit	LPM
培训经历	0.026** （0.012）	0.021* （0.012）	1.107* （0.062）	0.020* （0.011）
内群体交往	0.006*** （0.002）	0.005*** （0.002）	1.027*** （0.012）	0.005*** （0.002）
性别	— —	0.004 （0.019）	1.107 （0.093）	0.004 （0.019）
年龄	— —	−0.004 （0.004）	0.980 （0.018）	−0.003 （0.003）
受教育年限	— —	0.006 （0.009）	1.032 （0.045）	0.005 （0.008）
是否为党员	— —	0.019 （0.042）	1.090 （0.208）	−0.002 （0.018）
工作经验	— —	0.099*** （0.037）	1.627*** （0.296）	0.093*** （0.034）
工作经验平方	— —	−0.015*** （0.005）	0.930*** （0.026）	−0.013*** （0.004）
创业经历	— —	−0.016 （0.253）	0.925 （0.115）	−0.011 （0.019）
网店经营年限	— —	0.027*** （0.010）	1.144*** （0.059）	0.026*** （0.010）

续表

变量	（1）	（2）	（3）	（4）
	Probit	Probit	Logit	LPM
主营产品类型	— —	−0.119** （0.052）	0.560** （0.144）	−0.105** （0.050）
常数项	— —	— —	0.286 （0.247）	0.214 （0.165）
$Pseudo\text{-}R^2$ 或 R^2	0.035	0.088	0.087	0.102
LR 或 F 统计量	16.060	38.120	37.850	3.540
样本容量	397	397	397	397

注：*、**和***分别表示在10%、5%和1%水平上显著，括号内为稳健标准误；方程（1）和（2）汇报的是自变量的边际效应，方程（3）汇报的是自变量的优势比（odds ratios）。

二、大数据产品使用与农户收入水平

（一）大数据产品使用对农户收入水平的影响机理

在前互联网时代，农户的经营决策基于主观感受和经验积累，具有局部性、滞缓性、粗略性等缺陷。从生产者到消费者的整个对接过程中，链条长，环节多，信息收集、处理和传递的效率很低，信息滞后和失真现象严重。市场上的需求信息无法及时有效地反馈给生产主体，导致经营决策的科学性和计划性差。互联网带来的最大变化是信息，包括信息的流动和信息的分析。信息的流动从原本的不方便变成了以纳秒为计量单位的速度流动，从原来的定向流动变成了不定向流动，打破了信息不对称的壁垒（罗珉、李亮宇，2015）。数据井喷式增长和数据分析技术的开发，使得对信息的分析能力突飞猛进地提升。大数据让电商农户的信息获取变得更及时、更全面、更精准、更接近于完全信息，大幅降低主观偏差，突破时空的限制。互联网减少了中间环节，去中介化，去渠道化，点对点、端对端，直通直达，彻底拉近经营者与消费者的距离，让经营者更容易且更有效地做出需求导向型决策，实现用户本位主义（李海舰等，2014）。通过大数据产品的使用，电商农户可以获得一系列有关自身产品的最优参数组合，包括颜色、重量、口味、价格、物流等方面，从而对比发现自身经营存在哪些不利或不足的环节，以进行有针对性的改进。这一点极为关键，因为电子商务市场高度竞争，微弱的决策偏差将会在互联网的乘数效应机制下被不断放大，对经营绩效产生显著的影响。电子商务市场瞬息万变，经营者必须时刻保持警惕，做到与时俱进，甚至引领潮流。电商农户通过大数据产品可实时了解网络市场的营销动态，尤其是同类竞争者的最新进展以及成长最快的产品的有关信息。另外，大数据分析技术不仅能够实时处理并提供精准信息，而且还可以开发智能预测功能（Lokers et al.，2016）。以往人们只能对已发生事件的信息进行搜集、加工和处理，而大数据不仅包括已发生事件和正在发生事件的数据，而且包括通过机器学习挖掘的将来要发生事件的数据（何大安、任晓，2018），使经营者获得更强的前瞻力，积极谋求先动优势。

（二）实证检验

利用山东曹县、江苏沭阳和浙江临安三地 397 个电商农户的问卷调查数据对电商农户大数据产品使用的增收效应进行实证研究。

1. OLS 回归结果

在表 5-2 中，方程（5）暂不考虑其他控制变量，仅估计大数据产品使用行为对电商农户产品销售净收入的影响效应，结果显示，大数据产品使用显著促进了电商农户增收；方程（6）引入其他控制变量，大数据产品使用行为的增收效应依然成立，大数据使用型电商农户比普通电商农户的收入高 97.0%（$e^{0.678}-1=0.970$）。然而，OLS 回归由于没有考虑到自选择的内生性问题，其估计结果需谨慎对待。此外，培训经历和内群体交往也对电商农户的收入产生了显著的正向作用，综合方程（4）、方程（6）和方程（7）可以发现，大数据产品使用行为在电商农户"培训经历—收入水平"和"内群体交往—收入水平"的正向关系中发挥了部分中介作用，换言之，培训经历和内群体交往的部分增收效应是通过激发电商农户的大数据产品使用行为来实现的。其他控制变量包括性别、工作经验、工作经验平方和网店经营年限同样显著影响了电商农户的收入水平。

表 5-2　大数据产品使用对电商农户收入影响的 OLS 回归结果

变量	（5）	（6）	（7）
大数据产品使用	1.230*** （0.185）	0.678*** （0.174）	— —
培训经历	— —	0.067** （0.030）	0.081*** （0.028）
内群体交往	— —	0.020*** （0.008）	0.024*** （0.007）
性别	— —	0.158*** （0.056）	0.161** （0.066）
年龄	— —	−0.017 （0.012）	−0.019 （0.012）

续表

变量	（5）	（6）	（7）
受教育年限	— —	0.020 （0.027）	0.024 （0.028）
是否为党员	— —	−0.076 （0.048）	−0.077 （0.047）
工作经验	— —	0.222** （0.110）	0.286** （0.115）
工作经验平方	— —	−0.036** （0.014）	−0.045*** （0.015）
创业经历	— —	0.055 （0.042）	0.047 （0.041）
网店经营年限	— —	0.219*** （0.036）	0.237*** （0.036）
主营产品类型	— —	−0.197 （0.174）	−0.272 （0.173）
常数项	11.118*** （0.103）	10.445*** （0.556）	10.582*** （0.563）
R^2	0.102	0.258	0.227
F 统计量	52.940	13.450	12.290
样本容量	397	397	397

注：*、**和***分别表示在10%、5%和1%水平上显著，括号内为稳健标准误。

2. 熵均衡法估计结果

由于 OLS 回归无法有效控制处理组（大数据使用型电商农户样本）和控制组（普通电商农户样本）的协变量差异，本书进一步调整熵均衡方法，并为协变量设定一阶矩（均值）、二阶矩（方差）和三阶矩（偏度）等约束条件，采用其自动计算出来的最优权重作为平衡权重，使两组样本在满足约束条件下实现精确匹配，最大限度控制样本的选择性偏误。表 5-3 报告了协变量在熵均衡处理前后的均值、方差及匹配性检验结果。可以看到，匹配前，处理组和控制组的协变量的均值和方差均有较大差异，经熵均衡处理后，协变量的均值和方差的差异明显缩小。为进一步检验熵均衡结果的可靠性，可以进一步计算处理组和控制组之间的标准化均数差（SMD）并进行均值差异 t 检验，结果显示，处理后两组样本之间的标准化均数差全部为 0，协变量的均值差异 t 检验的 P 值全部为 1，表明处理组和控制组的各个协变量数据已实现精确匹配。

表 5-3　熵均衡法处理后的协变量匹配性检验

协变量		均值		方差		标准化均数差（SMD）	均值差异 t 检验 P 值
		处理组	控制组	处理组	控制组		
培训经历	熵均衡前	1.944	0.915	30.300	2.657	0.063	0.004
	熵均衡后	1.944	1.944	30.300	10.010	0	1
内群体交往	熵均衡前	11.600	7.145	266.900	87.430	0.001	0.001
	熵均衡后	11.600	11.600	266.900	236.000	0	1
性别	熵均衡前	0.869	0.739	0.115	2.419	0.063	0.274
	熵均衡后	0.869	0.869	0.115	3.171	0	1
年龄	熵均衡前	32.380	33.920	60.790	80.930	−0.020	0.068
	熵均衡后	32.380	32.380	60.790	54.780	0	1
受教育年限	熵均衡前	10.730	10.630	10.600	9.589	0.010	0.938
	熵均衡后	10.730	10.730	10.600	13.160	0	1
是否为党员	熵均衡前	0.060	0.125	3.705	0.100	−0.033	0.108
	熵均衡后	0.060	0.060	0.057	0.057	0	1
工作经验	熵均衡前	1.164	0.753	4.804	3.581	0.104	0.275
	熵均衡后	1.164	1.164	4.804	4.779	0	1
工作经验平方	熵均衡前	6.113	4.134	318.800	204.900	0.008	0.663
	熵均衡后	6.113	6.113	318.800	251.600	0	1
创业经历	熵均衡前	0.654	0.691	1.002	2.013	−0.021	0.771
	熵均衡后	0.654	0.654	1.002	1.009	0	1

续表

协变量		均值		方差		标准化均数差（SMD）	均值差异 t 检验 P 值
		处理组	控制组	处理组	控制组		
网店经营年限	熵均衡前	4.804	3.956	7.537	6.067	0.130	0.007
	熵均衡后	4.804	4.804	7.537	6.423	0	1
主营产品类型	熵均衡前	0.421	0.590	0.246	0.243	−0.693	0.002
	熵均衡后	0.421	0.421	0.246	0.245	0	1

注：$SMD = (\overline{X}_t - \overline{X}_c) / \sqrt{[S_t^2(n_t-1) + S_c^2(n_c-1)/(n_t+n_c-2)]}$，其中 $\overline{X}_t$、$\overline{X}_c$ 分别为处理组和控制组中各变量的均值，S_t^2、S_c^2 分别为处理组和控制组中各变量的方差，n_t、n_c 分别为处理组和控制组的样本容量。

表 5-4 是采用经过熵均衡方法处理后的数据重新估计的电商农户大数据产品使用的增收效应。从表 5-4 可以看到，剔除样本选择偏误以后，大数据产品使用行为在 10% 水平上显著正向影响电商农户的收入水平。具体的，大数据使用型电商农户比普通电商农户的收入高出 53.4%（$e^{0.428}$−1=0.534），增收效果依然相当明显。调查显示，大数据使用型电商农户在大数据产品上平均花费 6272.2 元，可见电商农户每投入 1000 元的大数据使用成本，大约平均增收 8.5%，单位成本的收益增长率较高。与表 5-2 方程（6）比较可知，由于自选择性问题的存在，直接的 OLS 回归会导致严重高估大数据产品使用的增收效应，产生夸大的判断。从理论上讲，使用大数据产品为电商农户带来覆盖面广、时效性强、精准度高、前瞻力大的信息服务和决策指导，能够显著提升电商农户的经营能力，促进收入增长。但在实践过程中，使用大数据产品的增收效果具体达到何种程度，跟平台企业的大数据产品开发能力以及电商农户的使用深度密切相关。一方面，在目前的中国，基于电子商务平台的大数据产品尚处于早期开发的发展阶段，大数据技术在信息收集、处理和分析上达到比较成熟的高度还需要经历一

个过程；另一方面，电商农户对大数据产品的使用也在初探时期，并且他们根据大数据产品的分析结果对生产经营中的薄弱环节有针对性地改进本身也需要一定的时间。关于大数据产品使用对电商农户收入的提升作用，熵均衡匹配方法的测算结果要比 OLS 回归结果更加合理，更加契合客观的实际情况。

表 5-4　熵均衡处理后电商农户大数据产品使用的增收效应

变量	回归系数	稳健标准误	t 统计量	P 值	95% 水平下置信区间
大数据产品使用	0.428*	0.243	1.83	0.069	[−0.033, 0.888]
常数项	11.869***	0.190	62.42	0.000	[11.495, 12.243]
R^2	0.018				
F 统计量	3.330				
样本容量	397				

注：*、** 和 *** 分别表示在 10%、5% 和 1% 水平上显著。

3. 稳健性检验：倾向得分匹配

除了熵均衡法以外，另一种处理自选择性问题的经典方法是倾向得分匹配（propensity score matching，简称 PSM）。PSM 以倾向得分为依据，从控制组的样本中为每个处理组样本寻找并构造一个除了处理行为以外其他可观测特征都极为接近的参照对象，于是这个参照对象的结果可视为处理组样本对象在接受处理之前的结果，因此处理组样本对象的结果减去这个参照对象的结果所得的变量差值即为处理行为所带来的净效应。表 5-5 报告了电商农户使用大数据产品增收效应的 PSM 测算结果，可以看到，大数据产品使用对电商农户的收入水平产生了显著正向作用的论断同样得到支持。PSM 的测算结果与熵均衡法的测算结果相比稍有分歧，存在一定程度的高估，但与 OLS 回归结果相比，它已经大幅降低了选择性偏差。

表 5-5　电商农户大数据产品使用增收效应的 PSM 估计结果

匹配方法	处理组	对照组	ATT 值	标准误
最近邻匹配（1—1 匹配）	12.238	11.523	0.715***	0.283
最近邻匹配（1—5 匹配）	12.238	11.573	0.666***	0.203
半径匹配（r=0.005）	12.189	11.531	0.660**	0.215
半径匹配（r=0.010）	12.222	11.624	0.597**	0.200
核匹配（窗宽 =0.06）	12.238	11.598	0.641**	0.188
核匹配（窗宽 =0.10）	12.239	11.573	0.655**	0.185
马氏匹配	12.296	11.468	0.828***	0.183

注：*、**和***分别表示在10%、5%和1%水平上显著；最近邻匹配、半径匹配和核匹配使用自助法获得标准误，马氏匹配使用 AI 异方差稳健标准误。

4. 政策含义

促进农村电子商务高质量发展以及推动大数据广泛应用和深度服务于农村地区，是适应时代发展潮流的必然选择。随着农村电子商务的持续发展以及大数据分析技术的不断完善，基于电子商务平台的大数据产品应用将逐步进入加速发展阶段，大数据产品使用的积极效应也将进一步显现出来。为了适应并积极满足客观的发展需要，政府部门应主动增进对大数据的了解和加强对其的重视，加大对农村电商技能培训的支持力度，不断提升培训的质量和档次，尤其是强化大数据分析方面的培训内容，着力建设促进电商农户之间交流与合作的综合性平台，鼓励电商农户成立相关民间团体，加强信息传播与经验分享，对低收入农户给予大数据应用方面的培训、产品使用上的积极引导和适当补贴。对于电商农户，其要提高对大数据产品的学习和使用意识，积极参与电商技能培训，加强与其他网商之间的交流，不断提升自身的认知水平和专业知识。

三、大数据产品使用与农户收入差距

（一）大数据产品使用对农户收入差距的影响机理

发生在传统社会的市场交易通常是以面对面为基础和在互动的情景中完成的。于是，农户的经营决策能力需要较长时期的经验积累，经验越深厚，则其经营决策的准确性越高，经营收入也越多；换言之，经验积累差距较大程度地导致了经营收入差距。卡斯特（2006）指出，在前互联网时代，作为一种与空间形态相匹配的存在形式，时间始终代表着事项的前后次序或脉络。到了大数据时代，时间不再保持着事项固有的次序，而是一种"非序列化时间"，事项的脉络可以分割，推展的次序可以打乱，不同的事项可以相互交织，也可以齐头并进（张兆曙，2017）。在大数据的支持下，电商农户的经营收入不再严格遵循时间维度上的经验积累机制，低收入农户借助大数据产品，可以弥补自身在经验积累上的不足，甚至实现经营决策上的快速赶超。有学者研究表明，电子商务加剧了农户内部的收入不平等程度（曾亿武等，2018），但是大数据产品的使用将有助于缩小电商农户内部的经验积累差距和人力资本差距，进而促进缩小收入差距。以"生意参谋"为例，其为商家提供数据披露、分析、诊断、建议、优化、预测等一站式数据产品服务，全面展示店铺经营全链路的各项数据，包括店铺实时数据、商品实时排行、店铺行业排名、店铺经营概况、流量分析、商品分析、交易分析、服务分析、营销分析和市场行情。大数据产品在经营决策上的这些辅助作用，使低收入农户具有更大的报酬递增空间及获得更高边际效益的可能性。

（二）实证检验

利用山东曹县、江苏沭阳和浙江临安三地 397 个电商农户的问卷调查数据对电商农户大数据产品使用的收入差距效应进行实证研究。

表 5-6 结果显示，在不同分位数上，大数据产品使用均对电商农户收入产生了显著正向作用，但从回归系数大小的变动趋势可以发现，随着产品销售净收入分位数的上升，大数据产品使用行为对电商农户收入的提升效应总体上是逐步减小的，这反映出大数据产品使用对低收入电商农户的增收作用更为明显，而这种增收作用在高收入电商农户中相对较小，因此，大数据产品的使用能够发挥出缩小电商农户内部收入差距的作用。这是一个很有意思的研究结果。曾亿武等（2018）以江苏沭阳为例的实证研究发现，电子商务使得农户内部收入差距明显扩大，这是"二级数字鸿沟"的一个体现，即数字化工具使用能力上的差异所导致的发展不平等程度加剧。而本书的研究表明，基于电子商务平台的大数据产品的使用却能够缩小电商农户内部收入差距，这背后隐含的是一种"用更高级的数字技术去缩小二级数字鸿沟"的新思维。一方面，部分信息技术会不可避免地造成社会群体内部出现数字鸿沟；另一方面，开发一些契合低收入群体的新技术可以帮助他们快速且更加充分地获取数字红利。这些技术要有助于切实有效弥补低收入群体的资源禀赋劣势，尤其是信息获取上和人力资本上的不足，从而实现其收入显著增长。

表 5–6   大数据产品使用对电商农户收入影响的分位数回归结果

变量	分位数				
	θ=0.10	θ=0.25	θ=0.50	θ=0.75	θ=0.90
大数据产品使用	1.202** （0.067）	0.795*** （0.237）	0.546*** （0.197）	0.645*** （0.186）	0.399* （0.250）
其他变量	控制	控制	控制	控制	控制
R^2	0.147	0.160	0.169	0.185	0.163
样本容量	397	397	397	397	397

注：*、** 和 *** 分别表示在 10%、5% 和 1% 水平上显著，括号内为稳健标准误。

大数据分析技术的发展无疑为中国"三农"问题之破解带来新的机遇和希望。基于电子商务平台的大数据产品也仅是大数据分析技术的一种应用类型，它的开发初衷并非专门针对"三农"。但关于电商平台大数据产品使用增收效应的研究发现，同样可以为政府加快推进农业大数据建设提供依据和借鉴。2019 年中央"一号文件"明确指出："推进重要农产品全产业链大数据建设，加强国家数字农业农村系统建设。"目前中国正处于推进农产品全产业链大数据建设的起步阶段，主要开展了生猪、大蒜、花生、柑橘等若干种重要农产品的大数据建设试点，探索建立分品种分产业的全产业链大数据。由于农业的产业特性以及中国农业的弱质性尚未从根本上改变，农业大数据建设与交通、医疗、工业等领域的大数据建设相比，面临的困难和问题更为复杂，任重而道远。但不管怎样，加快实现大数据与"三农"的深度融合发展是大势所趋，中国要积极创造条件，抓住机遇，抢占新经济的制高点。

第六章

数字乡村建设与城乡数字鸿沟：
智慧城市建设视角

DIGITAL COUNTRYSIDE CONSTRUCTION: THEORY AND PRACTICE

———

　　城乡经济社会发展呈现二元结构是发展中国家的基本特征，由此出现了农村地区信息化进程明显落后于城市地区的城乡数字鸿沟现象。城乡数字鸿沟的表征、诱因和效应并非一成不变，而是随着数字技术的持续演进而不断变化。一方面，导致城乡数字鸿沟的技术基础在不断演进，例如，由电脑的单机应用发展到宽带和移动互联网的普及化；另一方面，导致城乡数字鸿沟的技术应用在不断演进，例如，由使用互联网进行网页浏览和收发邮件发展到使用互联网开展直播电商和跨境电商活动。技术基础层面上的数字差距通常被称为"接入鸿沟"或"第一道数字鸿沟"，技术应用层面上的数字差距则被称为"使用鸿沟"或"第二道数字鸿沟"（Bowen and Morris，2019）。城乡数字鸿沟问题对发展中国家政府的宏观管理提出了巨大挑战，政府不仅需要加快弥合城乡数字接入鸿沟，还要综合施策全力缩小城乡居民的数字使用鸿沟。

　　随着数字技术的不断演进，中国进入了加快推进智慧城市建设的新时期。智慧城市是信息化与城市化深度融合的产物，是城市化进程的高级阶段。智慧城市建设指综合运用物联网、云计算、大数据、人工智能、区块链等新一代信息技术，促进城市规划、建设、管理、服务等方面实现智能高效、公正和谐、绿色宜居和可持续发展（Angelidou，2014）。为探索推进智慧城市建设，中国先后于 2013 年 1 月、2013 年 8 月和 2015 年 4 月设立了三批国家智慧城市试点，涉及 299 个[①]，制定了一系列重要文件指导智慧城市试点工作的开展，还带动了学界对智慧城市的研究热情。学者们陆续探讨了智慧城市的内涵与框架（夏昊翔、王众托，2017）、智慧城市试点推广的政府行为逻辑（李智超，2019）、智慧城市建设的风险因素与防范对策（胡丽、陈友福，2013）、智慧城市开放式治理创新模式（吴标兵、林承亮，2016），以及智慧城市建设对技术创新（何凌云、马青山，2021）、产业结构升级（王敏等，2020）、环境污染治理（石大千等，2018）、企业家精神（孔令池、张智，2020）、企业全要素生产率（石大千等，2020）、社会治理现代化（张蔚文等，2020）等方面的影响。遗憾的是，尚未有文献从城乡数字鸿沟的角度审视智慧城市建设，研究智慧城市建设对城乡收入差距的影响。从智慧城市建设的理论内涵和客观现实来看，智慧城市建设在技术基础和技术应用两个层面上为城乡数字鸿沟树立了新坐标[②]，即由原来的手机、电脑、互联网、电子商务、数字普惠金融等信息与通用技术（information and communications technology，简称 ICT）接入鸿沟和使用鸿沟拓展至基于物联网、云计算、大数据、人工智能、区块链等新一代信息技术的产业

---

① 试点范围有的是整个地级市，有的是地级市所辖的某个区、县或镇，为了表述简便，后文谈及三批国家智慧城市试点时，直接采用"试点"的表述。

② 指在以城乡数字技术基础差距为横轴、以城乡数字技术应用差距为纵轴的城乡数字鸿沟坐标系中形成了新的坐标位置。

鸿沟、改革鸿沟、治理鸿沟和公共服务鸿沟。这些数字鸿沟将导致智慧城市建设对城乡收入差距产生影响。

一、智慧城市建设与城乡数字鸿沟新坐标

（一）智慧城市建设政策背景

为更好地应对全球在城市化扩张过程中普遍出现的交通拥堵、环境恶化、资源短缺等"城市病"问题，2008 年 IBM 公司率先提出"智慧地球"战略构想，并将"智慧城市"视为这一战略的关键部分。智慧城市这一全新的城市建设和治理概念很快得到美国、英国、日本、德国、荷兰、新加坡、韩国等国家的积极响应，世界各国掀起建设智慧城市的热潮。

中国的智慧城市建设实践始于宁波、上海、南京等城市的率先探索，后由中央部门响应并给予支持。总的来说，中国智慧城市建设经历了三个发展阶段。

第一个阶段是 2010—2013 年的探索期。2010 年和 2011 年是国家层面政策的真空期，这两年仅由个别地方政府按照自己的理解来推动智慧城市建设，相关建设相对分散和无序。2012 年 11 月，住房和城乡建设部印发了《国家智慧城市试点暂行管理办法》和《国家智慧城市（区、镇）试点指标体系（试行）》，标志着中国在国家层面上正式探索智慧城市建设。2013 年1 月和 8 月，住房和城乡建设部先后公布了第一批和第二批国家智慧城市试点名单，更多地方加入了智慧城市建设探索的行列。第一批名单共 90 个

试点^①，第二批共 112 个试点^②，包含 103 个新增试点和 9 个扩大范围试点。

第二个阶段是 2014—2016 年的推动期。2014 年 10 月，国家成立了由国家发展和改革委员会牵头、25 个部委单位组成的"促进智慧城市健康发展部际协调工作组"，各部门不再单打独斗，开始协同指导地方开展智慧城市建设工作。在这一时期，中央政府陆续出台了《国家新型城镇化规划（2014—2020 年）》《关于促进智慧城市健康发展的指导意见》等重要文件，大力引导智慧城市建设，掀起了各部委单位和各地区开展智慧城市建设的浪潮。2015 年 4 月，住房和城乡建设部、科学技术部联合发布了第三批国家智慧城市试点名单，共 97 个试点，包含 84 个新增试点和 13 个扩大范围试点^③。至此，中国智慧城市建设试点共计 299 个。

第三个阶段是 2017 年至今的提升期。由于各地在建设智慧城市的过程中出现了偏离发展主线、重复建设、资源浪费、运转低效、忽视城市服务对象等问题，偏离了中央政府对于智慧城市建设的预设和初衷。2016 年 7 月，中央出台了《国家信息化发展战略纲要》，提出建设"新型智慧城市"^④。其后，有关新型智慧城市建设的政策纷纷出台，例如 2016 年 11 月发布的《关于组织开展新型智慧城市评价工作务实推动新型智慧城市健康快速发展的通知》、2016 年 12 月发布的《"十三五"国家信息化规划》等。新型智慧

---

① 参见《住房城乡建设部办公厅关于做好国家智慧城市试点工作的通知》，https://www.mohurd.gov.cn/gongkai/zhengce/zhengcefilelib/201302/20130205_212789.html。
② 参见《住房城乡建设部办公厅关于公布2013年度国家智慧城市试点名单的通知》，https://www.gov.cn/gzdt/2013-08-15/content_2461584.htm。
③ 参见《住房城乡建设部办公厅　科学技术部办公厅关于公布国家智慧城市2014年度试点名单的通知》，https://www.gov.cn/gzdt/201504/20150410_220653.html。
④ 参见《中共中央办公厅　国务院办公厅印发〈国家信息化发展战略纲要〉》，http://www.gov.cn/zhengce/2016-07/27/content_5095336.htm。

城市是智慧城市建设由 1.0 版本向 2.0 版本的迭代演进，突出强调以人为本、改革创新，重点推进技术融合、业务融合、数据融合，实现跨层级、跨地域、跨系统、跨部门、跨业务的协同治理，最终实现城市发展模式的改进和城市品质的提升（夏昊翔、王众托，2017）。

从宁波、上海、南京等城市的率先探索到三批国家智慧城市建设试点名单的发布，再到新型智慧城市建设的加速落地，中国的智慧城市建设速度快、范围广，并取得了积极成效。毋庸置疑，智慧城市建设对中国经济高质量发展、城市信息化水平提升等方面产生深远影响。

（二）智慧城市建设与城乡数字鸿沟新坐标

智慧城市建设是政府有计划地推进信息化与城市化深度融合的发展过程。智慧城市建设能够直接提升城市地区的信息化水平，包括促进城市地区数字产业化和产业数字化的发展，推动城市部门的数字化改革工作，提升城市部门的现代化治理能力，优化城市部门的公共服务供给。智慧城市建设有利于带动电子信息制造业、软件与信息服务业等高新技术产业的发展，这些高新技术产业主要集聚在城市中心地区，并广泛辐射城市的工业和服务业，促进传统产业的数字化转型与生产力提升，从而拓展城市居民的就业机会和增收空间。智慧城市建设还有利于推动数字化赋能城市全面深化改革，促使城市部门的改革工作更加精准化、高效化和系统化，更充分地释放改革红利，使城市地区能够建立起一套适应新时期发展需要的生产关系以进一步激活城市各主体的积极性。智慧城市建设倒逼政府分权化、扁平化转型和社会治理流程再造，大数据赋能政府科学决策、安全管理和业务协同（吴俊杰等，2020），形成多主体共建共治共享的现代化治理新格局，不断促进社会公正和谐，营造良好的营商环境（张蔚文等，2020）。智慧城市建设使城市公共服务供给更加均等化、精细化、便捷化，群众刷刷脸、动动手指，就可享受随手办、随时办、随地办的体验，以前的政务服务是"政府有什么，你用什么"，现在则是"你需要什么，政府来响应"，即政务服务工作由"被动服务"转向"主动服务"，切实满足城市居民的公共服务需求。

对于发展中国家而言，城乡二元结构和体制的存在导致城乡联动不足、工业反哺农业无力，这极大地阻碍了智慧城市建设对农村地区的间接溢出效应。在这样的情况下，智慧城市建设的必然结果是形成了基于物联网、云计算、大数据、人工智能、区块链等新一代信息技术的产业鸿沟、改革鸿沟、治理鸿沟和公共服务鸿沟，而农村居民无法像城市居民那样分享到数字产业化、产业数字化、数字化改革、治理数字化和公共服务数字化所带来的新型数字红利。

二、智慧城市建设与城乡收入差距扩大

（一）城乡收入差距是观察城乡数字鸿沟效应的基本视角

城乡经济发展呈现二元结构是发展中国家的基本特征，城乡居民收入差距过大是发展中国家的普遍现实。城乡收入分配明显不平等不仅不利于发展中国家宏观经济的可持续增长，更对发展中国家社会的长期稳定造成了威胁。城乡收入差距是观察城乡数字鸿沟效应的基本视角。现有文献研究了手机、电脑、互联网等 ICT 硬件的拥有量、普及率和使用情况以及电

子商务、数字普惠金融等 ICT 应用领域的发展水平对城乡收入差距的影响，但没有得出一致的结论。这方面的观点大致有三种。第一种观点认为 ICT 的接入和使用扩大了城乡收入差距。发展中国家网络覆盖存在明显的城乡差异，这进一步扩大了城市居民和农村居民之间的就业机会差异，导致城乡收入差距拉大（Prieger，2013）。互联网的使用能给城市居民平均带来约 20% 的收入回报，而带给农村居民的收入回报并不显著，主要原因是农村居民的互联网使用能力不足。互联网普及总体上扩大了城乡收入差距，这一点在经济越发达、人口素质越高的地区表现得越明显。第二种观点认为 ICT 的接入和使用缩小了城乡收入差距。互联网提高了乡村地区服务性产业的就业率和工资水平，通过刺激服务性产业的发展，互联网能够帮助农村偏远地区克服其与城市之间的发展差距（Ivus and Boland，2015）。数字普惠金融的发展有助于增加金融可得性、降低信贷门槛，进而缩小城乡收入差距（周利等，2020）。第三种观点认为 ICT 的接入和使用对城乡收入差距产生先扩大后缩小的非线性影响。有学者认为，互联网普及对城乡收入差距的影响呈现倒 U 形趋势，中国已在 2009 年越过拐点，这意味着互联网技术为缩小中国城乡收入差距带来了重要机遇（程名望、张家平，2019）。而 Li 等（2021）基于浙江省地级市面板数据的实证研究表明，电子商务发展对城乡收入差距的影响虽然呈现倒 U 形趋势，但其尚未越过拐点，电子商务的发展仍在扩大城乡收入差距。总的来说，城乡数字鸿沟的收入差距效应较复杂，需要根据技术基础的类型、技术应用的程度以及一个地区所处的发展阶段具体来定。

（二）智慧城市建设对城乡收入差距的整体性影响

　　智慧城市建设直接提升了城市地区的信息化水平，包括促进了城市地区数字产业化和产业数字化的发展，推动城市部门的数字化改革工作，提升了城市部门的现代化治理能力，优化了城市部门的公共服务供给，最终有益于城市居民的增收。从客观现实来看，智慧城市建设同样延续着城市领导理论（urban leadership theory）的逻辑。这一理论认为，城市地区可以提供完善的配套设施和支持资源，在城市供给和使用信息技术的成本更低，并且城市居民的人力资本水平较高，因此城市居民更能从信息技术中获得收益（Forman et al.，2005）。遵循这个逻辑，智慧城市建设可能会扩大城乡收入差距。此外，智慧城市建设还有可能加剧社会排斥问题（Graham，2002）。随着智慧城市建设的推进，进城务工人员可能面临两个方面的社会排斥：一是因自身信息素养不足而无法适应智慧城市建设带来的新变化，二是智慧城市建设引发的产业结构调整挤占了低技能劳动力的就业空间（何宗樾等，2020）。数字技术变革本身对劳动力市场可能存在负向冲击，使得在数字技术变革中本就存在数字弱势的群体处于更加不利的位置（Acemoglu and Autor，2011）。智慧城市建设对产业结构合理化和高度化的促进效应（王敏等，2020），将改变城市劳动力市场的需求结构，导致技能水平较高的城市劳动力与技能水平较低的农村务工人员之间的工资差距拉大。

（三）智慧城市建设、区域创新水平与城乡收入差距

　　改革创新是智慧城市建设的本质，重视城市创新能力的长期培养和持续提升是智慧城市建设的应有之义。区域创新水平得到显著提高，是智慧

城市建设的内在要求，也是判断智慧城市建设成功的重要标准之一。伴随智慧城市建设的推进，城市信息化水平不断提高，进而有助于提高区域创新水平（Ke et al.，2017）。智慧城市建设不仅有利于提高信息资源利用效率，以实现城市管理和服务的智能化、精细化，还能够促进新兴产业发展与产业结构调整（李霞等，2020）。而物联网、云计算、大数据、人工智能、区块链等高新技术产业的发展，为各行各业的创新活动开展提供了技术支撑，进而带来数字产业化与产业数字化的螺旋式上升。高新技术产业通常是高度集聚的，而产业集聚能够推动知识传播和技术溢出，促进新创意的形成（Schmitz，1995）。智慧城市建设推动物联网、云计算、大数据、人工智能、区块链等尖端信息技术的发展和应用，加快了城市企业的信息传递和处理速度，可有效降低信息传输成本、信息不对称和不确定性，抑制机会主义行为，进而有利于提升企业的研发效率和成果转化效率，推动社会整体创新进程（石大千等，2020）。智慧城市建设所推动的信息集成和数据共享，使创新主体能够获得更加精准的信息和数据，进行更加科学、智能的创新决策和创新管理，而信息壁垒的打破还有利于各主体开展更高水平的协同创新、开放式创新。智慧城市建设还为技术或知识密集型企业的新产品与延伸服务提供了更多的潜在机会，因为数字经济的发展会诱导城市居民对商品消费的需求渐趋个性化、多样化和品质化，打开"长尾产品"的市场空间，促进"长尾产品"产量和种类的增长（Wang and Nicolau，2017）。基于透彻感知、全面互联和深度智能，智慧城市构建出有利于创新涌现的制度环境，而优越的营商环境有助于降低创业创新成本、提升企业经营效率，将市场经济带上"智慧应用—营商环境改善—大众创业、万众创新"的快车道（赵涛等，2020）。

在发展中国家，区域创新水平的提高通常会造成城乡收入差距的扩大。发展中国家的创新活动对城乡收入差距的影响机制主要在于创新活动的"产出效应"和对非熟练劳动力产生的"侵蚀效应"。与其他生产要素的边际收益递减规律不同，创新技术呈现出边际收益递增的特点，从事创新活动的城市高技能劳动力报酬增长比从事传统产业的农村低技能劳动力报酬增长更快（Glaeser，1999）。技能偏向的技术进步理论认为，城市部门劳动力的技能水平普遍高于农村部门劳动力，由科技创新引起的技术进步会内生地偏向于高技能劳动力，引起劳动力就业结构的极化，加大高技能劳动力与低技能劳动力之间的收入差距（Acemoglu，2012）。发展中国家存在科技创新的城乡二元结构，即农村农业部门的创新能力明显落后于城市工业和服务业部门，城乡产业部门最终产品的科技含量差决定了城乡产业部门最终产品的价格差，进而导致了城乡劳动力的工资差（Shin，2016）。高新技术产业主要聚集在城市，其创新溢出对城市居民收入影响更大，换言之，高新技术产业创新水平提高会扩大城乡收入差距（刘清春等，2017）。

（四）智慧城市建设对城乡收入差距的异质性影响

智慧城市建设是一项以新一代信息技术为依托，以财政支持和政策法规为保障，以高新技术人才为重要驱动力量的系统性、复杂性、长期性工程，其范围覆盖城市系统的方方面面，包括从底层的基础设施到顶层的公共治理，因而需要一定的经济基础、技术条件、人力资本、公共财政等作为支撑（Nam and Pardo，2011）。中国城市区域差较大，经济发展水平、数字化基础设施等要素禀赋具有异质性，智慧城市政策演化阶段各不相同，智慧城市试点聚焦领域各具特色（李霞等，2020）。相较于中西部地区^①，东部地区的城市资源禀赋优渥，经济发展水平较高，信息基础设施建设相对完善，具有良好的市场运行环境、雄厚的地方财政实力，吸引了大量高素质人才集聚。在这些既有优势的综合作用下，东部地区智慧城市建设推进速度较快，部分重点应用领域的数字化成效开始显现。作为第三方机构，网络运营商、互联网平台企业和电子信息装备制造企业是推动智慧城市建设的重要主体。而中西部地区城市与这些第三方机构合作的力度和效果远不及东部地区城市，部分中西部地区城市甚至尚未引进任何第三方机构开展智慧城市运营管理。随着智慧城市建设的持续推进，智慧城市建设的经济社会效应会得到更加充分的释放。目前，东部地区智慧城市建设领跑全国，其城乡数字鸿沟效应会表现得更为突出。

（五）智慧城市建设与城乡收入差距：实证检验

1. 识别策略

中国先后于2013年1月、2013年8月和2015年4月设立了三批国家智慧城市试点，这一外生事件的冲击改变了地方城市的信息化水平和运行环境，产生了自然实验，为本书运用双重差分法（DID）识别智慧城市建设对城乡收入差距的影响效应提供了机会。由于全部智慧城市试点并非同一个时点批复的，因此在模型设定上，本书借鉴 Autor（2003）的做法，采用多期 DID 模型。为探讨智慧城市建设影响城乡收入差距的作用机制，采用中介效应模型对区域创新水平在二者之间是否发挥中介效应进行检验。为

---

① 考虑到中部地区和西部地区智慧城市建设总体水平均明显落后于东部地区，且后文实证分析所运用的中西部地区智慧城市试点的地级市样本较少，本书将中西部地区视为一体。

检验智慧城市建设对城乡收入差距的影响效应是否存在区域异质性，本书将全部样本划分为东部地区样本和中西部地区样本两个组别进行回归，并横向比较东部地区样本和中西部地区样本的回归系数大小及其显著性水平。

2. 变量说明

被解释变量是城乡收入差距。借鉴钞小静、沈坤荣（2014）的研究，本书采用城镇居民人均可支配收入与农村居民人均可支配（纯）收入的比值衡量城乡收入差距。

核心解释变量是智慧城市建设，采用"是否被列为智慧城市试点"这一虚拟变量来测度。如果某地级市进入国家智慧城市试点名单，则变量赋值为1；否则，赋值为0。

作用机制变量是区域创新水平，采用每万人发明专利申请授权量衡量。相较于科技投入和专利申请受理量，专利申请授权量更能直接且准确地反映区域创新水平。虽然科技投入是科技产出的基础，但科技投入并不能直接反映科技实力，因为投入与产出之间未必是对等的，而专利申请受理量固然反映一个地区的创新活力，但专利申请并不一定会通过审核并获得最终授权，因而它无法准确反映技术创新实力。专利分为发明专利、实用新型专利和外观设计专利三种类型，其中发明专利最具创新性质，是创新产出的核心部分。因此本书采用发明专利申请授权量指标衡量区域创新水平。考虑到不同地区的人口规模存在差异，使用发明专利申请授权量除以年末总人口，得到每万人发明专利申请授权量的指标。

借鉴城乡收入差距的有关研究（Wei et al.，2013；Su et al.，2015；Liu and He，2019；程名望、张家平，2019；李永友、王超，2020；Li et al.，2021），考虑了以下控制变量：经济发展水平、工业化水平、产业结构服务化水平、城市化水平、城市规模、对外开放程度、地方政府作用、城镇就业规模和人力资本水平。

3. 数据来源

实证分析所用数据是 2001—2019 年中国 287 个地级市的面板数据。是否被列为智慧城市试点以中华人民共和国住房和城乡建设部官方网站所公布的三批国家智慧城市试点名单为准。由于试点的安排存在"一市多试点"情况，即一个地级市可能存在 1 个及以上的试点，因此，已经设立的 299 个智慧城市试点并非对应 299 个地级市。剔除 2001—2019 年进行过行政区划调整的地级市，保留在地级市层面以下进行过行政区划调整或名称发生过变更的城市，同时剔除统计数据缺失严重的地级市。筛选以后，165 个地级市构成"实验组"，其余 122 个未被列入智慧城市试点名单的地级市则进入"对照组"。区域创新水平采用每万人发明专利申请授权量衡量，这部分数据来自中国研究数据服务平台；实际使用外资金额数据从司尔亚司数据信息有限公司数据库获得；其余变量的基础数据来源于 2002—2020 年的《中国城市统计年鉴》《中国区域经济统计年鉴》和各地级市的统计年鉴，以及 2001—2019 年各地级市的国民经济和社会发展统计公报。

各变量的含义与描述性统计结果如表 6-1 所示。

表 6-1 变量含义与描述性统计结果

变量名称	变量定义	均值	标准差
城乡收入差距	城乡居民人均可支配收入之比	2.583	0.645
智慧城市建设	是否列为智慧城市试点，是 =1，否 =0	0.201	0.401
区域创新水平	每万人发明专利申请授权量（个）	0.764	2.857
经济发展水平	人均全市生产总值（万元），对数化处理	0.875	0.918

续表

变量名称	变量定义	均值	标准差
工业化水平	第二产业增加值占全市生产总值的比重（%）	46.909	11.333
产业结构服务化水平	第三产业增加值占全市生产总值的比重（%）	38.706	9.801
城市化水平	市辖区年末总人口（万人）占全市年末户籍人口（万人）的比重（%）	7.784	9.007
城市规模	市辖区年末总人口（万人），对数化处理	7.307	0.987
对外开放程度	实际使用外资金额（万美元）与全市生产总值（万元）的比值	0.030	0.036
地方政府作用	一般公共预算支出（万元）占全市生产总值（万元）的比值	0.181	0.210
城镇就业规模	城镇单位从业人数（万人）占全市年末户籍人口（万人）的比值	0.119	0.122
人力资本水平	每百人普通高等院校在校学生数（人）	1.523	2.143

4. 基准回归结果

表6-2汇报了智慧城市建设对城乡收入差距影响的基准回归结果。其中，回归1仅考虑智慧城市建设的核心解释变量；回归2进一步纳入全部控制变量；回归3是在回归2的基础上，逐步去掉一个显著性最差（t检验P值最大）的控制变量，直至剩余控制变量均显著的估计结果。三个回归的估计结果显示，智慧城市建设在5%的统计水平上显著且系数为正，表明在其他条件不变的情况下，智慧城市建设扩大了城乡收入差距。此外，从回归3的结果看，区域创新水平、经济发展水平、产业结构服务化水平、地方政府作用、城镇就业规模等控制变量对城乡收入差距也有显著影响。

表6-2　智慧城市建设对城乡收入差距影响的基准回归结果

变量名称	被解释变量：城乡收入差距		
	回归1	回归2	回归3
智慧城市建设	0.105** （0.043）	0.099** （0.039）	0.091** （0.039）
区域创新水平		0.019*** （0.004）	0.017*** （0.005）
经济发展水平		−0.256*** （0.057）	−0.232*** （0.057）
工业化水平		0.003 （0.003）	
产业结构服务化水平		0.010*** （0.004）	0.007*** （0.002）
城市化水平		0.005 （0.004）	
城市规模		−0.019* （0.011）	
对外开放程度		−3.838 （2.881）	
地方政府作用		−0.120 （0.082）	−0.141** （0.071）
城镇就业规模		−0.544*** （0.097）	−0.352** （0.174）
人力资本水平		−0.005 （0.012）	
常数项		2.166*** （0.254）	2.307*** （0.097）
个体固定效应	已控制	已控制	已控制
年份固定效应	已控制	已控制	已控制
观测值	5385	5025	5336

续表

变量名称	被解释变量：城乡收入差距		
	回归 1	回归 2	回归 3
组内可决系数	0.368	0.416	0.420

注：①***、**和*分别表示1%、5%和10%的显著性水平。②括号内为稳健标准误。③由于各回归中引入的控制变量存在差异，且各控制变量的数据缺失程度不同，各回归的观测值存在一定差异。

5. 作用机制检验

表6-3汇报了区域创新水平在智慧城市建设与城乡收入差距之间的中介效应检验结果。其中，（1）列报告的是未加入区域创新水平的情况下智慧城市建设影响城乡收入差距的估计结果，（2）列是智慧城市建设影响区域创新水平的估计结果，（3）列的回归中同时纳入智慧城市建设与区域创新水平，检验它们对城乡收入差距的影响。从（3）列的结果可以看出，在加入区域创新水平这一中介变量后，智慧城市建设仍在5%的统计水平上显著，且系数为正。结合（2）列的估计结果，可以判断区域创新水平在智慧城市建设与城乡收入差距的正向关系中发挥了部分中介效应，且该部分中介效应占智慧城市建设影响城乡收入差距总效应的14.02%[1]。由此可见，区域创新水平是智慧城市建设影响城乡收入差距的重要传导因素。

表6-3 区域创新水平的中介效应检验结果

被解释变量	城乡收入差距	区域创新水平	城乡收入差距
解释变量	（1）	（2）	（3）
智慧城市建设	0.113*** （0.039）	0.834*** （0.230）	0.099** （0.039）

---

[1] 具体计算过程为：[(0.834 × 0.019)/0.113] × 100%=14.02%。

续表

被解释变量	城乡收入差距	区域创新水平	城乡收入差距
区域创新水平			0.019*** （0.004）
控制变量	已控制	已控制	已控制
个体固定效应	已控制	已控制	已控制
年份固定效应	已控制	已控制	已控制
观测值	5025	5080	5025
组内可决系数	0.411	0.347	0.416

注：①***和**分别表示1%和5%的显著性水平。②括号内为稳健标准误。③控制变量如表6-1所示。④由于个别地级市的城乡收入差距数据缺失，所以（1）列和（3）列的观测值比（2）列的观测值小。

6. 区域异质性

表6-4汇报了智慧城市建设影响城乡收入差距的分区域回归结果。其中，（1）列和（2）列是采用东部地区样本的估计结果，（3）列和（4）列是采用中西部地区样本的估计结果。估计结果显示，东部地区智慧城市建设对城乡收入差距和区域创新水平有显著的正向影响，而中西部地区智慧城市建设对城乡收入差距和区域创新水平的影响未通过显著性检验。这表明，相较于中西部地区，东部地区智慧城市建设对城乡收入差距的影响更加明显。这是因为东部地区具有城市资源禀赋优渥、经济发展水平较高、信息基础设施建设相对完善等前期基础和既有优势。同时，采用东部地区样本的估计结果再次验证了区域创新水平是智慧城市建设影响城乡收入差距的重要传导因素。需要说明的是，中西部地区智慧城市建设对城乡收入差距的影响不显著，并不意味着所有中西部试点城市的智慧城市建设进展

缓慢①，而是平均而言，中西部地区的智慧城市发展水平落后于东部地区。

表 6-4　智慧城市建设影响城乡收入差距的分区域回归结果

被解释变量	城乡收入差距	区域创新水平	城乡收入差距	区域创新水平
解释变量	东部地区		中西部地区	
	（1）	（2）	（3）	（4）
智慧城市建设	0.137*** （0.052）	1.762*** （0.486）	0.082 （0.056）	0.184 （0.137）
区域创新水平	0.012*** （0.004）		0.016 （0.017）	
控制变量	已控制	已控制	已控制	已控制
个体固定效应	已控制	已控制	已控制	已控制
年份固定效应	已控制	已控制	已控制	已控制
观测值	2093	2137	2932	2943

注：①*** 表示 1% 的显著性水平。②括号内为稳健标准误。③控制变量如表 6-1 所示。④由于个别地级市的城乡收入差距数据缺失，所以（1）列的观测值比（2）列的观测值小，（3）列的观测值比（4）列的观测值小。

7. 平行趋势检验

采用双重差分法的前提是满足平行趋势假定，即未受到智慧城市试点政策的冲击时，试点城市组和对照城市组的城乡收入差距具有相同的变化趋势。采用图示法进行平行趋势检验不失为一种简洁直观的方式。由图 6-1 可以看到，在 2013 年智慧城市试点政策实施之前，试点城市组与对照城市组的城乡收入差距变动趋势是高度一致的，并且试点城市组的城乡收入差

---

① 事实上，武汉、郑州等城市的数字发展水平较高。中国城市科学研究会智慧城市联合实验室发布了《2019城市数字发展指数报告》，以数字环境、数字政务、数字生活、数字生态4个一级指标以及20个分指标，对各城市进行综合评分，武汉、郑州分别排名全国第三、第六。参见《〈2019城市数字发展指数报告〉发布　郑州跻身"数字一线城市"》，http://www.henan.gov.cn/2019/12-18/1093658.html。

距水平低于对照城市组的城乡收入差距水平。智慧城市试点政策实施后，由于智慧城市建设的数字鸿沟效应，对照城市组城乡收入差距与试点城市组城乡收入差距之间的差距出现不断缩小的趋势，并且试点城市组城乡收入差距在 2019 年开始出现反超对照城市组城乡收入差距的情况。由此可以看出，试点城市组和对照城市组的事前趋势是平行的，受到智慧城市试点政策的外生冲击以后，试点城市组和对照城市组的平行趋势才被打破。因此，采用双重差分法检验智慧城市建设对城乡收入差距的影响是可行的。

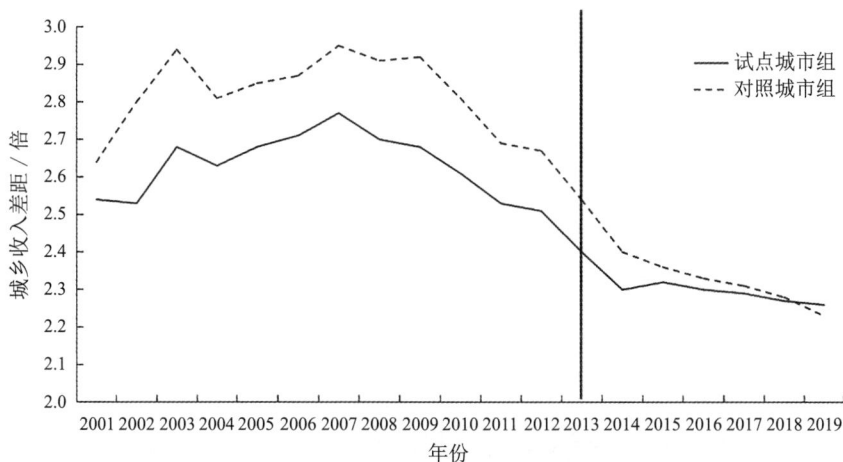

图 6-1　平行趋势检验：图示法

8. 安慰剂检验

借鉴 Li 等（2016）和 Cantoni 等（2017）的做法，采用随机生成实验组的方式进行安慰剂检验，以判断智慧城市建设对城乡收入差距的显著影响是否由某些随机性因素引起。具体地，从全部样本中随机选取 165 个地级市，将其设定为伪试点城市组（各年份入选试点的城市数量与真实情况中的城市数量保持一致），而将剩余地级市列入对照城市组，由此构建一个

伪核心解释变量进行基准回归。研究中重复 1000 次上述随机生成实验组和
进行回归的过程。结果发现，安慰剂检验所得系数仅存在极个别大于真实
回归值 0.099（表 6-2 回归 2 中智慧城市建设的估计系数）的情况，且系数
的密度分布函数整体呈以 0 为中心的正态分布（见图 6-2）。这说明，智慧
城市建设导致城乡收入差距扩大的结果并非由其他不可观测因素造成，基
准回归结果没有明显的遗漏变量偏误。

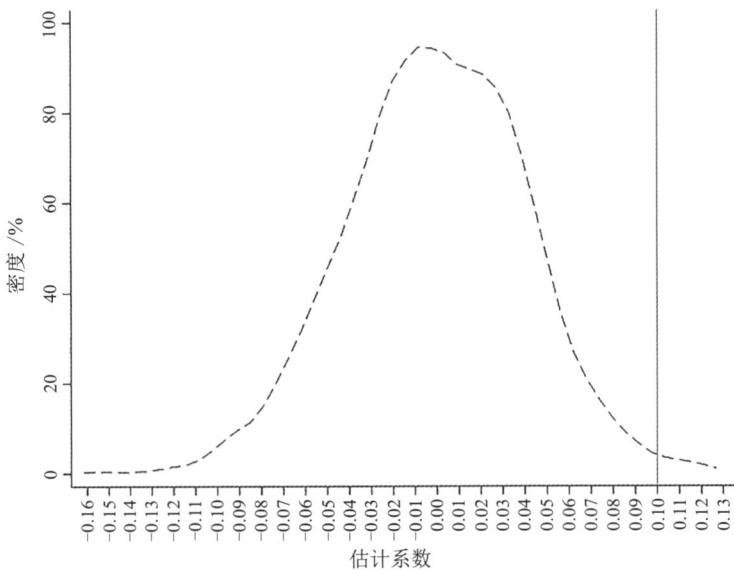

图 6-2　基于随机生成实验组样本的安慰剂检验

三、促进智慧城市建设与数字乡村建设协同发展

　　城乡数字鸿沟会随着数字技术的持续演进而不断变化，因此，要用发
展的眼光去看待城乡数字鸿沟问题。近十年来，中国智慧城市建设的探索

与实践已经在技术基础和技术应用两个层面上为城乡数字鸿沟树立了新坐标，但现有文献尚未对此变化进行深入的考察和研究。本书以城乡数字鸿沟的动态性为研究的逻辑起点，以智慧城市试点的自然实验导致城乡收入差距显著扩大为证据支点，对新型城乡数字鸿沟给予呈现和阐释，以促进人们形成对城乡数字鸿沟的新认识。随着智慧城市建设的不断推进，中国城乡信息化发展进程已经发生了显著变化，人们对城乡数字鸿沟的关注不能只停留在原来的手机、电脑、互联网、电子商务、数字普惠金融等ICT接入鸿沟和使用鸿沟上，而应该将城乡数字鸿沟的内涵拓展至基于物联网、云计算、大数据、人工智能、区块链等新一代信息技术的产业鸿沟、改革鸿沟、治理鸿沟和公共服务鸿沟，并且要意识到这些新变化正在成为城乡发展不平等的新动因。

建立健全城乡融合发展体制机制，加快推进数字乡村建设，实现智慧城市建设与数字乡村建设协同发展，是弥合新型城乡数字鸿沟的根本路径。发展中国家城乡数字鸿沟长期存在的根源就在于城乡二元的经济社会结构、体制机制和思维方式（阮荣平等，2017）。只要城乡二元体制机制和思维方式不破除，城乡数字鸿沟就会持续存在。即便智慧城市建设有助于推进创新发展，但智慧城市建设所驱动的区域创新水平提升依然会延续着城市偏向和技能偏向的特点，并不会带来城乡协调发展、共享发展，最终无法实现共同富裕和全方位的高质量发展。中国要彻底改变"先城市后乡村"的惯性思维和建设模式，加大改革和创新力度，健全城乡融合发展体制机制，有效实现城乡共生共建共享共荣，平等交换、双向互动、深度融合，切实形成真正意义上的城乡生命共同体。回顾中国信息化发展历程，每一轮信息化建设都在城市率先启动。例如，智慧城市建设的国家级试点首次发布于 2013 年 1 月，而数字乡村建设的国家级试点首次发布于 2020 年 10 月，两者间隔长达近 8 年的时间。因此，中国应全力加快数字乡村建设，争取尽早补齐农业农村的数字化短板。各地政府应将数字乡村建设提上日程，通过加强整体规划和配套，推进新一代信息技术在农业农村经济发展中的综合应用，提高农村居民现代数字素养，增强乡村内生发展能力（曾亿武等，2021）。

探索构建"市—县—镇—村"四级联动机制，让城市地区的信息化资源真正下沉到乡村地区，使智慧城市建设的前期成果和经验能够扩散到乡村地区，实现智慧城市建设与数字乡村建设的有效衔接、协同发展，并最终融为一体。智慧城市建设要发挥对数字乡村建设的带动和扶持作用，而数字乡村建设也会反过来促进智慧城市建设，尤其是城市数字产业发展。数字乡村建设有助于挖掘乡村巨大的数字应用空间和数字产品消费潜力，提升整个社会的数字产品平均消费倾向，为城市数字产业发展注入需求诱导动力，推动国民数字经济的全面发展和共享发展。

此外，目前中西部地区智慧城市建设的实践进展虽然尚未达到显著扩大城乡收入差距的临界点，但是，智慧城市建设的城乡数字鸿沟效应会随着智慧城市建设的深入推进而得到动态强化。中西部地区一方面要积极向东部地区学习先进经验，缩小区域维度上的数字鸿沟；另一方面要转变思维，防患于未然，从城乡融合发展的高度看待和推进智慧城市建设。

CHAPTER 7

| 第七章 |

数字乡村建设典型案例：
以浙江省为例

DIGITAL COUNTRYSIDE CONSTRUCTION: THEORY AND PRACTICE
————

浙江省是习近平新时代中国特色社会主义思想的重要萌发地，是中国改革开放的重要先行地，同时也是"数字中国"建设的重要策源地。在全国范围内，浙江的数字化转型与发展一直处于领先地位。具体到数字乡村建设，浙江也一直走在探索与实践的最前线。

一、浙江数字乡村建设的基本情况

（一）浙江数字乡村建设的主要举措

浙江农业农村信息化发展从 1998 年"农技 110"服务起步，继而开展了农业系统局域网建设，到实施全省信息进村入户工程，建立农产品质量安全追溯体系、农业投入品监管体系等，在农业农村工作的服务、生产、流通、监管各个领域，在服务农民、指导生产、供求对接、质量监管、提高效率等方面发挥出重要的积极作用。数字乡村建设是浙江农业农村信息化发展的新阶段。原先建设的农业信息化系统已不能满足数字乡村发展的要求，需要有更先进的规划架构、整合利用、开发集成，加强数字乡村建设的队伍建设，建立系统运维工作机制，同时着力发挥信息技术创新的扩散效应、信息和知识的溢出效应、数字技术释放的普惠效应，加快推进农业农村现代化。

1. 在全国率先开展省级试点建设

2019 年 12 月，浙江省在全国率先启动数字乡村试点建设工作，共确定杭州市等 4 个市、杭州市临安区等 11 个县（市、区）为数字乡村试点示范市县，杭州余杭建光黑鱼专业合作社等 72 家主体为数字农业工厂试点示范主体。力求通过一年左右时间，完成试点示范工作目标任务。各试点示范市、县重点在数字乡村的体系平台、技术应用、政策制定、制度设计、发展模式等方面积极探索，建立与乡村产业发展、行业管理服务能力、农民生产生活水平相匹配的数字乡村发展模式。数字农业工厂试点示范主体则着力提升数字化应用水平，在生产环境、生产过程、流通营销、质量安全、生态保护等环节，推进数字技术装备的系统集成与综合运用，发挥数字技术综合效能。

杭州市：构建市级农业数据资源中心，搭建数字农业综合平台总框架；加快创建一批数字农业工厂、美丽生态牧场、数字农业示范园区，推进数字技术和智能装备应用；培育农产品电商示范村，打造"互联网＋茶"国际平台，深化农产品营销数字化应用。

宁波市：构建产业三大数字乡村服务平台，包括产业服务数字化平台（数字田园、数字牧场、数字渔场、智能农机等）、治理服务数字化平台（乡村一张图、村务管理、资源资产管理、乡村智慧党建环境治理服务、垃圾分类监测等）、民生服务数字化平台（村庄信息发布、乡情纽带系统、村务服务系统、三农科教服务、乡村微商城、乡村农旅服务等）。

湖州市：打造市级数字乡村中枢云平台，提升乡村产业、乡村生活数字化水平，建立渔业大数据、农村电商示范、乡村治理数字化应用示范，优化市、县、镇（村）、主体四级联动的数字乡村层级架构。基本建成市级乡村云平台框架及六大类核心数字资源库；建成湖州市智慧渔业大数据中心；完善美丽乡村治理数字化平台功能。

衢州市：建设1个"衢州市农业农村大数据中心"线上平台，1个"衢州市农业农村公共服务中心"线下平台，开发生产管理、产品流通营销、行业监管、公共服务、乡村治理等五大领域数字化应用，建设市、县、乡、村、企业五级联动体系，在全市范围内建设一批数字乡村试点。

杭州市临安区：打造全区数字乡村平台，建设1个物联网数字化应用示范园区、7个物联网数字化应用农业示范基地、1个数字化专业人才培养基地；完成"临安优质农产品·买新鲜吃放心"平台、10个村落景区信息示范工程建设；推进临安区数字乡村公共服务和乡村治理数字化管理两个平台建设。

慈溪市：打造农产品电商示范镇1个、示范村11个，建设农村人居环境综合监测平台，建立农业科技成果转化网络服务体系，建立历史文化名镇、名村和传统村落的"数字文物资源库""数字博物馆""数字村史文化馆"。

平阳县：开展1个乡村资料数据中心、1张数字乡村天空地全域图和3个平台工程[数字乡村管理应用平台（包含涉农资金监管、土壤养分诊断与分析系统）、数字乡村治理管理平台（包括生产主体管理系统、集体资产交易系统）、数字乡村服务平台（包括休闲农旅管理系统、农技综合服务系统）]；推进浙江子久智慧茶园管理和温州牧丰牧业数字牧场提升 2 个示范工程。

德清县：做好全国数字农业试点县建设内容，高质量完成农业资源数据中心，数字农业综合决策分析平台、农产品质量安全监管平台，粮食生产智能管理应用、水产养殖智能管理应用，德清渔业创客孵化中心智能化感知与高效管控示范项目、鱼菜共生智能生态循环示范项目、国家级罗氏沼虾种虾培育基地智能化管理示范项目、先锋农机专业合作社智能农机应用示范项目建设。

安吉县：打造安吉乡村数据仓，开展耕地质量、农业主体、农资管理与流通等数据可视化专题建设；基于安吉县农业物联网公共管理平台，打造农业掌上应用；建立安吉白茶产销一体化系统，开展白茶全产业链大数据分析；建成县域乡村农旅一张图；完善安吉县智慧养老信息监测平台。

平湖市：建立完善 1 个乡村资源数据中心，推进乡村监管、农业生产经营、乡村公共服务、乡村治理等四大数字化工程，推进农业生产经营数字化工程（包括建设数字水产、数字植物工厂、粮食安全生产管理系统）、乡村数字化监管工程（包括耕地质量保护管理系统、绿色防控管理系统）等项目建设。

绍兴市上虞区：打造"溯源中国·四季仙果"品牌数字经济平台，推进四季仙果政府监管平台、果园智慧管理公共服务云平台、"一物一码"溯源营销平台、公共品牌营销服务平台开发和 8 家试点基地建设；深化产权交易平台建设，完善"农房 e 家—上虞区产权交易"和"乡路"农户自主发布平台。

浦江县：开发 1 个乡村资源数据仓库，搭建 2 个管理服务平台（乡村决策分析、惠农综合服务）。乡村决策分析平台包括农业产业动态监测、农业生产智慧管理、葡萄全产业链数字化管理等；惠农综合服务以信息进村入户工程为基础，建设覆盖农村生产、经营、管理和服务的农村惠农综合服务平台。

常山县：开展现代农业产业数字平台建设，推进苗木数字化繁育基地、高品质栽培数字化示范基地、农产品深加工数字化工厂、数字化选果服务中心、常山胡柚直播供应链基地等建设。

天台县：建设"天台大农场、绿色中农批"农业农村综合信息服务平台，推进智能温室蔬菜基地、115 家绿色农产品生产基地实时监管和智能化改造提升、亿顺蛋鸡智能化养殖基地、数字化设施种植基地、"三资管理"电子化平台改造升级等项目建设。

缙云县：完善缙云县乡村数字资源库；搭建数字农业生产管理平台，推进茭白、黄茶、杨梅智能化种植，新建或提升 10 个数字化种养基地，农产品精深加工企业上云 10 家，电子商务专业村达到 15 个。开发缙云特色小吃管理、土地流转信息管理、农村集体"三资"管理等系统。

2. 各地市积极开展基层试点建设

2020 年 7 月，临安、慈溪、德清、平湖等四地被列为国家数字乡村试点县（市、区）。有关地市积极开展国家级试点和省级试点的建设工作。与此同时，浙江各地市还积极开展基层试点建设工作。

以杭州为例，杭州市以创建全省数字乡村示范市为契机，不断完善"市级抓统筹、县级建平台、乡镇优功能、村级重应用"的四级联动机制，高标准推进数字赋能乡村振兴，全面推进数字化改革，助推乡村走上共同富裕之路。杭州在全省率先制定《杭州市数字乡村建设实施方案》，锚定

"数字乡村标杆地"总目标，着力创建浙江省数字乡村建设示范区。将数字乡村纳入乡村振兴总体部署，落实党委统一领导、政府负责，市级部门牵头、县（市、区）政府协同推进的工作机制。成立市级数字乡村建设专班，明确数字基建、数字产业、数字治理、数字服务、数字生活五大工程牵头单位和职责分工，制定工作目标、列出任务清单、梳理核心业务，细化时间表、路线图和任务书，组建联络员队伍，形成部门协同、市县联动工作合力。制定出台《杭州市数字乡村样板镇（村）建设指南》，统筹乡村振兴产业发展、美丽乡村等专项资金，重点扶持数字乡村样板镇（村）、数字农业园区等示范建设，以满足群众需求和社会服务管理为出发点，创新实施数字乡村"景秀计划"，鼓励打造实用、管用、好用的多元应用场景，通过数字化改革撬动乡村全领域全方位改革。2021年建设数字乡村样板镇（村）110个，2022年已下达建设任务100个，两批建设任务计划补助资金1.2亿，其中市级样板镇（村）40个。鼓励县（市、区）加大对数字乡村新基建支持力度，重点支持乡村5G网络、物联网、农业遥感、人工智能、区块链等新基建，加快补齐农村偏远地区数字硬件基础设施配套短板，以点带面、整体推进数字乡村发展。

在浙江乡村大脑的框架下，统筹建设杭州乡村大脑，做好省、市、县三级贯通，并延伸到镇（村），避免重复建设。加强农业农村基础数据库建设，有效对接省级平台进行全量全要素归集，不断充实完善一体化智能化公共数据平台，形成市县一体统筹、集约高效的平台架构。深入推进农村"最多跑一次"改革，政务服务事项"网上办""跑零次办"均100%实现，推动乡村治理直通车、乡村数字经济、乡村数字法治等综合应用场景建设。在省大数据局的指导下，推进场景"一地创新、多地复用"工作在数字乡村中展开，打通服务下乡"最后一公里"，探索知识下乡、资源下乡、消费下乡、农产品进城。

2022年3月，杭州市率先制定出台《杭州市数字农业培育发展三年行动计划（2022—2024年）》，计划到2024年底，全市打造农业产业大脑10个以上，新建综合示范型未来农场10家以上，建成特色提升型未来农场30家以上，进一步加快农村产业的数字化转型升级。同时，鼓励各县（市、区）积极承接省级产业大脑（茶叶、渔业、畜牧业）建设任务。目前，西湖区、余杭区入选省级茶叶产业大脑先行先试名单，临安区入选畜牧产业大脑先行先试名单。

3. 各级政府加强顶层设计与政策指导

为贯彻落实《数字乡村发展战略纲要》，加快推进浙江省数字乡村建设，2021年1月，中共浙江省委办公厅、浙江省人民政府办公厅印发《浙江省数字乡村建设实施方案》。该方案以开展国家数字乡村试点建设工作为牵引，提出了未来数字乡村建设的总体要求、总体框架、重点任务、保障措施等，为浙江省推动数字乡村建设提供重要的指导和遵循。

2021年6月，浙江省农业农村厅发布了《浙江省数字乡村建设"十四五"规划》。该规划是"十四五"时期指导全省数字乡村建设的纲领性文件，要求到2025年，浙江乡村基础网络体系逐步完备，县城、乡镇及重点建制村5G信号全覆盖，建制村5G通信网络覆盖率达90%，雪亮工程建制村覆盖率达到100%，基本实现农村"冷链成网"，力争创建10个国家数字乡村试点地区，培育乡村智治示范村、镇100个，创建未来乡村1000个，打造乡村整体智治的浙江样板。

2021年7月，浙江出台了《浙江省乡村振兴促进条例》，为推动数字技术和乡村振兴深度融合，"数字乡村"单设一章，对相关制度措施做进一步明确和细化，要求加快数字技术在乡村各领域广泛应用。原文如下：

第七章　数字乡村

第三十八条　县级以上人民政府应当按照数字乡村建设的要求，组织实施乡村数字基础设施提升工程，推进农村新一代移动通信网、农业物联网等新型数字基础设施建设，提升乡村光纤网络、移动网络建设水平和覆盖质量，加快农村交通、电力、水利等传统基础设施的数字化改造。

第三十九条　县级以上人民政府应当引导和支持发展智慧农业，推动数字农业工厂、数字农业基地建设，加大涉农信息服务提供力度，推进农业生产数字化转型。

第四十条　县级以上人民政府应当推进农产品加工与流通领域应用系统建设，支持乡村电子商务平台建设，培育和壮大乡村电子商务市场，发展线上线下融合的现代乡村商品流通和服务网络。

第四十一条　县级以上人民政府应当按照数字化改革要求，拓展乡村治理与服务数字化应用场景，促进现代信息技术在政务服务、农村集体资产管理等领域的综合应用，提升乡村治理水平。

第四十二条　县级以上人民政府应当推进教育、医疗、养老等生活性服务业数字化，推动乡村网络远程教育、医疗等应用普及，促进城乡优质公共资源共享。

2022年2月，浙江出台了《浙江省委省政府关于2022年高质量推进乡村全面振兴的实施意见》。在"实施乡村建设行动"的板块中，专门对如何"推进数字乡村建设"进行了重要部署：建设"浙江乡村大脑2.0版"，建立乡村地理信息多维立体"一张图"，加快"浙农富裕""浙农牧""浙农田""浙渔安""浙农险""浙农优品""浙农服""浙农经管"等应用场景建设，推广应用"浙农码"；实施一批乡村数字新基建重大项目，推动城乡同步规划建设千兆光网、5G网络、移动物联网；加强国家和省级数字乡村试点县建设。

除了省级政府部门，各地市有关部门也不断出台数字乡村的相关专项文件，大力支持数字乡村发展。例如，嘉兴平湖市制定出台了《平湖市数字农业建设三年行动方案（2018—2020年）》《数字农业农村发展规划（2020—2025年）》；湖州德清县率先发布了《"数字乡村一张图"数字化平台建设规范》和《乡村数字化治理指南》等两项县级地方标准规范；杭州市临安区出台了《杭州市临安区数字乡村建设实施方案》等。

（二）浙江数字乡村建设的总体进展

1. 整体水平全国领先

浙江数字乡村建设起步早、发展快，整体水平在全国处于领先地位。《2021全国县域农业农村信息化发展水平评价报告》和《2021浙江省县域数字农业农村发展水平评价报告》显示，2020年浙江县域数字农业农村发展水平为66.7%，连续三年稳居全国第一，远超全国37.9%和东部地区41.03%的总体水平。全省85个参评的涉农县（市、区）中有81个县（市、区）的发展水平超过了全国总体水平，占比高达95.3%。发展水平排名全国前100的县（市、区）浙江省有26个。桐乡市、杭州市西湖区、德清县等26个县（市、区）获评全国先进县，占全国109个先进县的23.9%。浙江在农业农村信息化社会资本投入、农业生产数字化水平、农产品网络零售额占农产品交易总额比重等方面的优势十分明显。

北京大学新农村发展研究院与阿里研究院联合发布的《县域数字乡村指数（2020）研究报告》显示，2020年县域数字乡村发展水平最高的5个省依次为浙江（83）、江苏（70）、福建（69）、山东（66）和河南（66），浙江数字乡村发展水平全国领先，如果以80分以上为第一和第二梯队区分界线的话，那么浙江独属于第一梯队；县域数字乡村指数排名前100的县在浙江省分布最多（32个），其次是河北省（19个）、福建省（14个）、广东省（9个）和江苏省（8个），分别占各省参评县域的46%、12%、19%、9%和13%；浙江入选县域数字乡村指数排名前300的县数量为50个，河北省43个、山东33个、河南31个、江苏30个，福建和广东均为26个，从入选县数量占该省参评县比例看，浙江省排名第一（72%），其后依次是江苏省（48%）、福建省（36%）、河北省（27%）、山东省（27%）和广东省（26%）。

2. 多个领域齐头并进

浙江全面推动数字乡村多个领域齐头并进，乡村信息基础设施不断夯实，乡村产业数字化加快转型，乡村公共服务数字化日益完善，乡村治理数字化持续推进。《浙江省数字乡村建设"十四五"规划》显示，2020年浙江实现建制村4G和光纤全覆盖，基本实现重点乡镇5G全覆盖；开发推广"浙农码"，累计赋码量达56.3万次；累计创建数字农业工厂163个，数字化改造种养基地1184个，启动50个单品种全产业链数字化管理系统建设；拥有活跃涉农网店2.4万家，实现农产品网络零售额1143.5亿元，淘宝村和淘宝镇数量稳居全国第一，电商服务站、益农信息社基本实现建制村全覆盖；打造数字乡村建设应用场景98个；47个县（市、区）应用"数字农安"，6.3万家规模主体纳入管理；"掌上执法"全面应用，执法率达99.8%；"雪亮工程"建制村覆盖率达98.3%；全省县域应用信息技术实现党务、政务和财务公开的建制村占比均超过98.5%。

浙江省数字乡村建设多个领域齐头并进还体现在多项指标同时在全国处于领先。根据《2021全国县域农业农村信息化发展水平评价报告》，在发展基础支撑方面，浙江互联网普及率和家庭宽带入户率全国第二；在生产信息化方面，畜禽养殖信息化率全国第一，水产养殖信息化率全国第二，设施栽培信息化率全国第三，大田种植信息化率全国第四；在经营信息化方面，农产品网络零售额占比为全国第一，农产品质量安全追溯信息化水平全国第二；在乡村治理信息化方面，应用信息技术实现建制村党务、村务和财务公开水平全国第二，农村"雪亮工程"建制村覆盖率全国第一，在线办事率全国第四。在服务信息化方面，电商服务站建制村覆盖率全国第四。

3. 试点工作成绩显著

浙江在全国最早开展数字乡村试点建设工作，于2019年12月确定了杭州等四个市、杭州市临安区等11个县（市、区）为省级数字乡村试点示范市县以及72家数字农业工厂试点示范主体，此后临安、慈溪、德清、平湖等四地被列为国家数字乡村试点县。各试点地区积极探索、率先示范，总体上取得了较为显著的成绩。《2021浙江省县域数字农业农村发展水平评价报告》显示，德清、安吉、慈溪、平湖等国家或省级试点县（市、区）发展水平位居全省前十名。北京大学新农村发展研究院与阿里研究院联合发布的《2021县域数字乡村指数报告》显示，2020年德清、安吉数字乡村指数列全国县域前两名。试点地区在探索过程中形成了一些具有较强示范性的亮点做法，例如德清通过整合 50 多个部门的数据壁垒，实现"数字乡村一张图"141 个建制村全覆盖，在全省率先探索"一图全面感知"乡村智治新模式；再如临安创新推出"农房建设管理平台"，实现从申请、审批、监管、办证到房屋注销的全周期闭环管理，相关经验被评为全省改革创新优秀实践案例；又如杭州市萧山区临浦镇针对乡村治理中村民诉求解决慢、信息沟通效率低、村级事务参与少等突出问题，以通二村为试点，依托"浙政钉"开发应用"平安钉"系统，形成了你钉我办、村民议事、信息报送、巡逻日报、一键呼叫、有奖答题、平安学堂七大板块，实现了平安钉的全员覆盖，成为人人参与的全民钉、便捷有效的宣传钉、有呼必应的民生钉、专职跑腿的服务钉。

二、浙江数字乡村建设的典型案例

数字乡村是一个系统性工程，而县域是这个系统性工程的关键实施层面，因为县级的工作直接面向基层、面向群众，处于宏观管理与微观治理的接合部、城市与乡村的交汇点。浙江重视发挥县级政府的主观能动性，鼓励各县域积极开展数字乡村建设的实践与探索。目前浙江县域在农业农村数字化转型的多个重要方面均有典型实践和经验积累，本书遴选其中的20 个案例以飨读者。

（一）浙江建德：草莓产业的数字化转型

1. 案例概况

建德市被誉为"中国草莓之乡"，已有 40 多年的草莓栽种和发展历史，目前产业规模为全省第一，全国第三。1.8万余莓农在全国27个省市种植草莓，因为点多分散，在生产服务、技术互通、销售信息、品牌共享等方面存在壁垒，急需通过数字化改革加速破解。聚焦草莓种植、销售、品牌建设等问题，上线"建德草莓（全国）驾驶舱"、"数智草莓"应用场景和"草莓一件事"应用系统，实现草莓全产业链服务管理，让全国27个省份1.8万余本地、异地莓农享受数字化改革成果，提高效益。

2. 主要做法

一是数字赋能服务，探索草莓产业模式创新。（1）聚焦功能集成，建好"产业大脑"。打造"草莓种植产业数字化平台"，建设"建德草莓（全国）驾驶舱"，以"1＋6＋N"管理服务架构即一个草莓产业，莓好管家、莓好服务、莓好产品、莓好基地、莓好品牌、莓好共富六大场景，以及土壤检测、肥药两制管理、政策保险等N个应用模块，让莓农通过一部手机便可掌握数据、享受服务。（2）聚焦需求导向，共享"数字服务"。上线"草莓一件事"应用系统，打通气象、植保、土肥、销售等各类管理数据共享壁垒，实现从种苗供给到产销对接等全方位数字化服务。加强对异地莓农的服务，目前已在全国2800个草莓种植区安装数字化传感、监控等设备，归集数据2.37万条，提供技术服务2600余次。（3）聚焦科技驱动，打造"数字农场"。依托"草莓小镇"，建成"草莓天空之城""草莓智慧森林"等示范型现代农业基地。引进立体无土栽培（见图7-1），应用温室环境监测、智能控制技术和装备、采摘机器人等科技手段，大胆探索农业"未来工厂"，推动产业发展高效协同，草莓产量提升30%以上。

图 7-1 立体无土栽培草莓

二是数字赋能技术，探索草莓种植智慧升级。（1）实施育苗工程，探索一体化生产。借助"数智草莓"，分析优势品种，每年引进国内外新品种10个以上进行试验筛选，推动主培品种从"日系"向"浙产"转变。目前，已研育具有完全自主知识产权的全国性主栽新品种"越秀"；市场上占有率较高的"红颊"草莓品种，近一半的苗种由建德提供，育苗年产值达1.8亿元，形成"研育—种苗—种植"一体化生产模式，确保建德在品种上保持行业领先。（2）细化技术规范，推行标准化种植。制定建德草莓数字化种植技术及流程、草莓分级标准和标准化生产技术模式图，统一草莓生产技术规范和质量要求。（3）支持异地种植，培育专业化队伍。支持莓农带着技术"走出去"，莓农通过"数智草莓"，获得政策、种植技术、土壤气候检测等服务，已完成土壤检测21次、提供专家服务59次、培训3次。

三是数字赋能销售，实现草莓供销互利共赢。（1）品牌化运营，扩大市场影响力。以"数智草莓"为引领，通过统一"建德草莓"证明商标和"建德草莓"包装管理，保障"建德草莓"品牌健康发展。目前，已通过"数智草莓"授权品牌30家，本地、异地草莓种植大户均以"建德草莓"作为母商标。同时，实行莓农溯源管理新模式，普及使用草莓质量追溯二维码，让草莓既有"身份证"又有"金名片"。（2）多元化营销，提升销售精准度。建设农村电子商务公共服务中心，在草莓小镇设立分级包装中心，开拓"数字超市"，统一进入杭州、上海的盒马超市，扩大草莓电商、休闲采摘、团购等直销规模，销售价格较传统农批市场高30%以上，带动草莓利润提升近15%。通过"数智草莓"，莓农可以直接对接草莓销售企业，企业也可以直接发布收购需求，产销对接解决草莓销路不畅和优质不优价问题。2020年冬至2021年春，电商销售额突破5000万元，同比增长12%。（3）全链化发展，延长草莓产业链。探索建设草莓冷链物流中心（仓库）和冷链车辆等设施，实现从草莓园到消费者的全程冷鲜、安全和高品质。借助"数智草莓"，全面分析草莓价格、各品种占有率等，提早下苗时间，抢占"冬天的第一颗草莓"。如2021年推出的极早熟品种"建德红"，上市时间可提前20天至1个月，初上市价格达210元/公斤，亩均产值可以达6.5万元以上，每亩效益比一般草莓翻一番。同时，发展"农业＋旅游"，推出"草莓智慧森林"研学、亲子游等项目，增加旅游收入5500万元。

3. 发展成效

一是有效破解科技转化短板，实现技术和服务"零距离"。以"数智草莓"为引领，通过研发标准化新品种、制订草莓产业标准，在保护草莓产业知识产权的同时，进一步加快产业标准化建设，让更多优质高产品种落地产出；积极培育符合市场需求的新品种，提高"建德草莓"市场主导权，让莓农提高抵御市场风险能力；加快新品种研发转化速度，进一步提高新品种落地成功率，让莓农提升经济效益。通过"草莓一件事"应用系统、"数智草莓"应用场景，打通气象、植保、土肥、销售等各类管理数据共享壁垒，实现从种苗供给到产销对接等全方位数字化服务。加强对异地莓农的服务，目前已在全国 2800 个草莓种植区安装数字化传感、监控等设备，归集数据 2.37 万条，提供技术服务 2600 余次。

二是有效破解市场拓展短板，实现品牌和社会效益"双提升"。通过"数智草莓"场景，实施特色标准帮扶，帮助莓农获取最新销售信息，打通销售半径，进一步拓宽销售市场；推出农旅融合发展模式，提升草莓三产转化能力，进一步延伸草莓产业链条；推出数字销售新模式，进一步拓宽传统销售与新零售转化通道，带动草莓利润整体提升。杨村桥"草莓小镇"是浙江省优质高效草莓示范基地、浙江省草莓育苗中心和省级草莓精品园所在地，也是全国"一村一品"示范镇、省级特色农业强镇，被列入 2020 年全国农业产业强镇建设名单，品牌金字招牌不断擦亮、享誉全国。2021 年 10 月，全国农产品质量安全信用体系建设工作推进会在建德召开，"数智草莓"作为典型案例获得推广。草莓种植区域已覆盖国内 27 个省、自治区、直辖市及乌兹别克斯坦等国，带动当地种植草莓农户 5000 余户、1.3 万余人致富。

三是破解草莓种植技术短板，实现村集体和农民"双增收"。全力开展农业产业"标准地"项目和"数智草莓"建设，推动草莓种植从"自租自管"向"标准地"升级。建成高质量、标准化草莓集聚产业园区，出租给莓农种植经营，莓农可"拎包入住"安心生产。通过莓好管家、莓好服务、莓好产品、莓好基地、莓好品牌、莓好共富六大场景，建成草莓"标准地"3000

亩，从事草莓种植经营公司企业 15 家、专业合作社 48 家、家庭农场 18 家，为村集体经济增收 400 余万元，草莓亩均效益增长 16.7%，实现村集体和农民"双增收"。2021 年，建德草莓在全国种植面积达 8.26 万亩，亩均收益 5 万元，总产值突破 40 亿元，同比增长 27.9%。

（二）浙江龙泉：竹木产业的数字化转型

1. 案例概况

龙泉是一个"九山半水半分田"的林区市（县），被誉为"浙南林海"，森林覆盖率高达 84.4%，林地占市域面积 86.7%，林农人口占全市总人口 67.5%。龙泉在促进山区共同富裕、实现生态产品价值转换、保护好绿水青山三方面持续探索，建设"益林共富"多跨场景应用，旨在走出一条生态保护、林农致富的"双赢"新路子。通过梳理需求导向，从决策方面看，需要提炼各类业务核心数据，绘制林业画像，为决策提供依据；从管理方面看，需要上下贯通、部门协同、简化流程、便捷办公；从林农方面看，亟须解决权属不明、信息不畅、增收渠道不多等问题；从林企方面看，迫切需要解决竞争力不强、产业链不全、创新性不够等问题。

2. 主要做法

一是明晰权属，筑实基础数据。权属落界是林业工作的基础，也是一项抢救性工作，将有力推进农村集体土地（林地）"三权分置"改革，解决长期遗留的林地权属纠纷，维护林区稳定，做到林权登记内容齐全规范，数据准确无误。在系统中可查到落界地块的详细信息，以及落界过程的所有电子档案，实现落界明权全过程自动归档、不可篡改。2022 年创新工作机制，以林长制为总抓手，全面开展剩余 53.3%（225 万亩）的商品林林地权属落界工作，实现龙泉市域所有林地数字化管理。全面完成落界后，公益林和商品林落界和资源信息叠加至同一图层，实现了林地权属一屏集成。

二是经营流转，推动林业发展。通过林地权属数字化落界，明确林地权属范围、面积和资源情况，便于计算林地流转的价值，为今后发布林地流转交易提供便利，破解森林资源资产"确权难""抵押难""流转难"的问题。依托林地权属落界成果，将原本的"碎片发布、零散求租"创新为"线上发布—系统评估—供需匹配—高效流转"。自上线以来，发布找地信息33件2967亩、供地信息353件58226亩，流转成功153件30615.5亩。例如：梅地"灵芝谷"成功流转公益林2590亩，用于扩大林下经济仿野生灵芝栽培，年产值500多万元，带动周边120多户林农在家门口就业，人均增收8000多元，实现生态保护和林农增收"双赢"局面。

三是打造品牌，提升区域影响力。打造并推广"龙尚竹"区域品牌，提升龙泉竹木的品牌调性和品牌影响力。重塑产业标准和区域品牌，以"标准＋品牌＋销量"的模式吸引更多市场主体积极参与品质升级，创建优质企业品牌，实现区域产业品牌＋优质企业品牌双轮驱动，持续打响"龙尚竹"区域公用品牌。依托第三方平台资源，利用融媒体、大V（明星）直播、主题性大型电商活动等创新营销推广方式，积极策划线上线下活动，让龙泉竹木产品在电商平台上打开销路、迅速提高知名度。

四是产业联动，促进增收致富。（1）竹木电商运营体系。竹木电商运营体系围绕竹木产业电商，从产品化打造、持续新品开发、整合营销、品牌建设等全链路塑造产业流程，提升产品力、品牌力和营销能力，通过行业标准打造、龙泉竹木文化节等塑造行业高地。（2）竹产业数字化决策及服务系统。竹产业数字化决策系统通过数据平台对涉林数据进行加工处理和分析，将数据分析结果通过数字驾驶舱进行综合展现。结合"可视化""富展现"，打造"关键指标有数字、关键业务有过程、关键环节有分析、关键趋势有预测、关键成效有比对"的数据决策体系，为快速推进林业供给侧结构性改革等一系列深化林业发展措施提供数据支撑和决策依据（见图7-2）。依托竹木产业链，建设一产资源要素一张图、二产生产加工一张图、三产创新应用一张图。

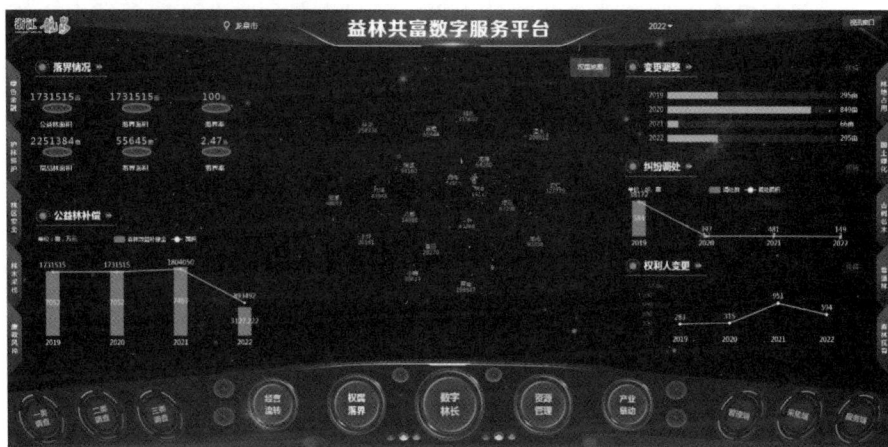

图 7-2　益林共富数字服务平台

3. 发展成效

一是盘活林地资源。首创数字落界方法，利用数字化技术，在鼠标点击之间解决了"山是谁的、山在哪里、山有多大"的权属、坐落、面积等问题，解决山林纠纷。龙泉率先全国完成了 173.1515 万亩公益林、29072 亩商品林权属的 100% 落界，彻底解决权属中坐落、面积等基础问题，山林纠纷减少 99.3%，有效破解传统落界方法"成本高、耗时长、落界难"问题。推动"三权分置"改革，盘活林地资源。集中发布供需信息 385 条 6.1

万亩，成功流转 153 宗 3.06 万亩，带动林农在家门口就业。

二是提升品牌影响力。搭建多渠道产销对接，积极引导企业等市场主体踊跃参与，整合电商资源实现线上线下融合发展，提升当地产业电商产销对接水平；通过立体多元化营销，增加与消费者的互动链接，提升销量，增强客户黏性。"龙尚竹"区域公用品牌的影响力大幅度提升，进一步激发了龙泉本地优质产业的内生动力，营造了龙泉竹木产业电商创业的良好氛围。

三是提升产业监管能力和决策水平。通过充分的产业调研并结合主管部门数据，并通过第三方数据进行交叉验证，构建本地产业图谱，明确产业主体、产业链关系、要素资源需求，进一步明确本地产业优势、劣势及发展方向。以数字化方式对竹产业进行全产业链、全要素、全维度的感知和分析，以数字化方式为政策制定、行业引导以及机制保障等行业决策提供数据支撑和决策依据。

（三）浙江桐乡：湖羊产业的数字化转型

1. 案例概况

湖羊是国家畜禽遗传资源保护品种，湖羊养殖是浙江省特色富民产业。作为湖羊的重要原产地和养殖第一大县，桐乡被列入省畜牧产业大脑（湖羊）试点县。桐乡市聚焦"种业振兴""产业共富""人病兽防"等痛点难点，以电子耳标（见图 7-3）为数据载体，以数据流驱动业务流，打造"兴羊富民"应用，建设"羊业振兴""羊事安全""羊农共富"三大场景，构建湖羊全产业链闭环，变革产业模式、重塑监管机制、拓宽共富路径，推动产业兴旺、抱团共富。

图 7-3 携带电子耳标的湖羊

2. 主要做法

一是重塑"产供销＋农文旅"全融合产业新体系，推动湖羊全链条效益升级。智慧养殖赋能，依托电子耳标身份识别、数据采集等功能，构建湖羊生长、选育、免疫、饲喂模型，形成湖羊标准化饲养管理体系，提升保种育种能力和智慧养殖水平。直产直销增收，开通智慧服务功能，发布产供销信息，实现农户—企业的直产直销模式，做优做强"桐乡湖羊""桐之乡味"公共区域品牌。农旅融合延链，创新"羊旅融合＋数字体验"推广模式，通过"市民认养""线上认购""赛羊会""湖羊文化节"等方式，带动湖羊第一、第二、第三产业深度融合。

二是创新"流调溯源＋风险预警"全闭环监管新机制，保障畜产品供应和公共卫生安全。重构疫病防控新流程，制定《桐乡市布鲁氏菌病联防联控机制》，建立羊和从业人员"布病"分类监测机制，通过数字化系统，实时掌握羊和人的"布病"感染情况，追踪流调溯源和处置进展，及时分析排查风险点。创新风险预警新机制，制定《桐乡市湖羊三色赋码规则》，依托电子耳标采集传输功能和智慧模型，预警羊和人的监测异常、重点环节防控措施缺位、生产结构突变、流行性疫病突发、免疫效果异常等情况，及时发现市外违规调入和疫情输入性风险点。贯通产品追溯新环节，通过识别羊电子耳标携带信息，将相关信息关联到屠宰加工过程，对羊肉等产品生成识别码并接入浙农码系统，建立完整的产品追溯体系。

三是探索"基地＋农户"全领域共富新路径，实现组合抱团增产增收。共富羊棚提低，创建"村集体＋低收入农户＋股权"的共富羊棚模式，依托湖羊价格指数保险托底机制，通过政府补一点、集体出一点、农户筹一点、乡贤帮一点，低收入农户每年可按股分红或获得自筹资金20%的保底收入。联农带农扩中，创新"基地＋农户＋产业大脑"抱团养羊致富模式，由基地供种、农户育肥、基地回购联动养殖，并通过电子耳标由产业大脑统一管理，提高生产效率，提升农户效益。山海协作共富，创新"新型农业经营主体＋低收入农户＋桐乡市场"合作模式，通过桐乡—开化"产业飞地"项目，开化低收入农户"飞地认养"桐乡湖羊，实现资源共用、技术服务共享，推动两地携手迈进共同富裕。

3. 发展成效

一是产业模式变革，助推羊业振兴。构建湖羊智能育种繁育体系，按需构建养殖场数字化模型，实现精细化、标准化、智能化生产，打造"未来羊场"桐乡样板。同时通过产销对接、羊旅融合，激发产业链活力，提高市场溢价率，每只羊可多卖100元以上。已建设未来羊场2家，将启动建设2家，自动生成种羊系谱档案1200余份，产羔率提升14.3%。

二是致富路径拓宽，带动羊农共富。因地制宜，充分发挥"共富羊棚""联农带农""飞地认养"三种抱团共富模式，以资金入股、约定价格回购、保险托底等形式保障收益，实现产业链相关主体、低收入农户、一般农户共同增收致富。已建设共富羊棚 11 个，带动村集体 10 个，带动低收入农户 288 户。飞地认养种羊 219 只，带动低收入农户 52 户。低收入农户年户均增收 3600 元以上，一般农户年户均增收 2400 元以上。

三是监管机制重塑，确保羊事安全。重塑羊只追溯监测机制，通过"电子耳标＋产业大脑"实行数字化全流程闭环管理，开展红黄绿三色风险预警，从源头上降低布鲁氏菌病等人畜共患疫病风险，有效保障公共卫生安全。已开展羊布病监测 30080 份，从业人员布病检测 124 人次。

（四）浙江三门：养殖产业的数字化转型

1. 案例概况

三门县拥有 21 万亩海水养殖面积，是浙江省海水养殖第一大县，全产业链从业人员 10 万余人，是三门县农业发展重要的支柱产业之一。但聚焦全产业链，仍在生产端、治理端、流通端、集体经济发展等方面存在一些痛点、堵点。基于此，三门县与第三方公司合作，建设"鲜甜三门·共富渔塘"数字化应用，全省首创"飞塘一件事"，探索双向飞塘新模式。依托"鲜甜三门·共富渔塘"，聚焦全产业链，三门县充分整合共享数据和涉及"渔塘"的各类数据资源，基于大数据构建渔民精准画像、"渔塘"精准画像、村集体画像，强化产业集群效应，集中连片发展，推动产业集群、企业集群，引导发展水产种业集聚区、加工产业集聚区、设施渔业集聚区。通过政企数据的高效融合，充分释放数据要素价值，打造掌上"鱼塘"资源、一站式养殖服务、多元化护航入市的新型养殖生态圈。让更多的社会资源融入进来，形成"政府搭台、产业引路、市场运作、多方共赢"的共富模式。

2. 主要做法

"鲜甜三门·共富渔塘"通过数字化赋能，激发释放数据价值，实现要素集约化、生产智能化、产业生态化、管理高效化和功能多样化的要求，融合休闲渔业、海岛观光和生态旅游等产业，并引入社会力量共建。数字赋能三门海水养殖产业高质量发展主要体现在四个方面。

一是全产业链迭代升级。创新驱动海水养殖生产、流通全链条数字化转型升级。生产环节以"标准化引领＋智能化养殖"为核心推动生产力跃升，融合水产种苗、水产品养殖、病害防治等数据，借助物联网、智能软硬件，打造健康、活力的新型养殖生态圈。流通环节以"安全保障＋品牌导向"为核心推动竞争力提升。农户层面以"龙头示范＋渠道撮合"为核心助力小农户高效对接大市场，并建设了三门小海鲜种业硅谷。数字化赋能水产种业，包括省级海水主导水产品（缢蛏、泥蚶、青蟹和虾等）遗传育种中心、新品种（品系）测试中心、种质资源活体保存基地、养殖测试基地和规模化苗种繁育基地，成为全省青蟹、贝类种业的主中心。

二是数字赋能多业态融合。以休闲渔业、海岛观光和生态旅游等产业吸引人流、聚集人气，进一步反向推动海水养殖产业发展。一方面整合浙江省乡村大脑数据资源，融合特色文化、产品资源；另一方面，深度挖掘涉及"渔塘"的各类数据资源，基于大数据构建渔民精准画像、"渔塘"精准画像、村集体画像，促进养殖塘所在村落数字化、多元化发展。

三是推动关键要素集聚。以数据为核心要素驱动，打破关键要素时空约束，高效聚合劳动力、资本、技术等要素资源。依托健康、有活力的新型数字养殖生态圈吸引农创客等有文化、懂技术、善经营、会管理的新农人入驻，辐射带动传统养殖户等老农人，融入数字养殖生活、共享数字养殖红利；依托金融风险评估等大数据模型，改善金融服务机构走访调研慢、数据不全、风险评估慢等现状，提高渔民金融贷款效率，助力养殖生态圈资金活力高效释放；数字赋能打破沟通壁垒，高效整合优质种苗企业、物联设备企业、科研院所等技术资源，为产业发展注入强劲动力。

四是打造数字美好生活。立足渔民急难愁盼小切口，实现产业发展大撬动。数字赋能渔民纠纷化解、补贴申领、风险防范等生活需求，在渔民共享数字养殖红利的同时，打造美好生活新图景，提升渔民获得感、幸福感，调动渔民养殖积极性，将进一步推动产业高质量发展。

3. 发展成效

一是提升产业发展效能。依托"鲜甜三门·共富渔塘"数字化应用，通过质量监测、质量追溯实现质量安全保障；通过三品一标认证、品牌授权保护实现品牌效益保障；通过产销监测、市场撮合实现市场对接保障，从而从品质、品牌、市场三个维度保障优品优价，同时实现鱼塘亩均效益提升 1 万元。

二是美丽渔村多点开花。打造了花桥下峤方、浦坝港渔家峤、沙柳船帮里、海润畲乡涛头等一批"产业有特色、多产业融合、渔文化有传承、渔民生活富裕"的美丽渔村渔乡，蛇蟠乡和涛头村获评全国"一村一品"示范村镇。

三是首创"飞塘一件事"。飞出"养殖技能"，基于"数智用塘"的标准化智能化、"优品出塘"的立体化保障格局和"服务助塘"的全周期一体化服务体系，共享养殖经验，提升养殖水平；飞进"多元业态"，整合浙江省乡村大脑数据资源，融合特色文化、产品资源，促进养殖塘所在村落多元发展，反向推动海水养殖产业发展；互融"飞塘"模式，在资源匮乏的情况下，重新配置优化资源，让鱼塘资源丰富的优势村和鱼塘资源匮乏的薄弱村合作治理；共享鱼塘资源的模式，提升鱼塘效益的同时带动薄弱村的发展。

四是数字惠民便民。整合鱼塘全生命周期信息资源，建立全息画像，通过"寻、配、竞、落"四大功能模块实现鱼塘高效流转的完整闭环，助力有找塘需求的群众提高找塘效率近60%；数字赋能多元要素高效流动集聚，为群众提供科技养殖、数字问诊、技术培训、政策匹配等一站式、多元化服务，助力生产养殖质效双提升，亩均养殖产量提高近10%；基于"优品出塘"功能模块的立体化保障格局，提升水产品入市议价能力，为群众提供销售渠道推荐清单，助力水产品收购价格提高近8%。

（五）浙江青田：稻鱼共生的数字化转型

1. 案例概况

2005年，青田稻鱼共生系统被联合国粮农组织认定为首批全球重要农业文化遗产稻鱼共生系统的核心保护区。近年来，青田县龙现村立足自身文化和产业优势，以人本化、生态化、数字化为建设方向，聚焦稻鱼共生系统全球重要农业文化遗产活化利用和传统稻鱼产业转型升级，以数字经济与乡村产业深度融合激发稻鱼产业活力，实现村民持续增收致富，打造全球重要农业文化遗产与数字科技相结合的"稻鱼龙现"未来乡村特色样板。

2. 主要做法

一是搭建数字驾驶舱，推进稻田养鱼现代化。建立未来乡村"云上龙现"数字驾驶舱，通过智慧农业生态监测系统，植入"稻鱼共生一杆农业眼"等数智感知设备（见图7-4），24小时监测农田水温、水质、湿度、二氧化碳、pH值、病虫害防治等数据信息，动态展示稻鱼共生系统作业内容，为田鱼从孵育到成长、水稻从育苗到成熟的全周期精细化管理提供现代化技术指导，实现水稻、田鱼产量、品质双提升。

图7-4　"稻鱼共生一杆农业眼"数智感知设备

二是深化三产融合，打造智慧农文旅新标杆。建设网红Vlog打卡点、生态数字旅游公厕、AI互动大屏、智能导向标牌等，全面提升旅游基础设施水平。根据景观游览线路，科学布设生态停车场、新能源汽车充电桩和智慧停车导览系统。依托龙现未来乡村"乡村小脑"，以"浙里办""浙政钉"两端为统一入口，开发乡村旅游数字驾驶舱管理端、村民端、游客端，完成游客服务、一景一码、VR 实景体验等 14 个重点应用场景的建设。为游客提供景点导游导览、旅游攻略指南、农家乐民宿咨询等"吃住行游购娱"一站式服务，提供科技感智慧旅游服务，全面提升旅游体验。

三是打造研学线路，激活文旅新兴业态。建设世界首座全球重要农业文化遗产主题博物馆——青田稻鱼共生系统博物馆，打造稻鱼共生 360 度沉浸式体验馆，通过数字化技术建立高度沉浸感虚拟互动立体投影空间，达到裸眼 3D 的超强视觉感，游客能体验青田稻鱼共生系统寒来暑往、四季更替的生态演绎。建立数字监管系统，对人流量密集区域合理分流引流，实现乡村旅游人流量精准"智控"。全球重要农业文化遗产大会召开以来，累计接待游客 90424 人次，游客数量翻两番，有效激活农家乐、民宿经济，拉动乡村旅游发展，带动村民共同致富。

3. 发展成效

一是稻鱼产业蓬勃发展，绘就稻香鱼肥好"丰"景。田鱼亩产由 40 多斤提升至近百斤，田鱼和稻鱼米的价格翻了一番，核心保护区基本实现"一亩田、百斤鱼、千斤粮、万元钱"。产自龙现村的稻鱼米"华浙优 261"荣获第三届黑龙江国际大米节比赛第一名，系丽水稻米首次获得国际性奖项。

二是"两进两回"全面深化，注入产业发展新动能。组建乡创"领雁团队"，培育农遗传承人、民间"新艺人"、乡创客等。"领雁"种植户创建稻鱼产品品牌 4 个，推出稻鱼米、田鱼、田鱼干等联盟产品 11 款，开发"稻鱼之恋"主题石雕、陶艺等文创产品 20 余件，获市级、省级以上博物馆收藏，带动产业增收 50 余万元。稻鱼种养大户入选青田稻鱼共生系统传承师 6 人，农遗传承人"世界模范农民"金岳品登上《人民日报》海外版，为稻鱼共生产业持续发展注入新动能。

三是未来乡村迭代升级，奏响和谐共富幸福曲。依托龙现未来乡村"乡村小脑"平台，归集数据 50 余万条，集成智能设备 12 种共 72 个，完成全村 1209 名村民、761 块农田、250 在座房屋、31 处旅游景点、5 家农家乐基本信息录入，建立村民、农田、住房、景点、住宿餐饮数字化台账。构建"我的家园村民端"，"一户一码"为村民提供村务代办、农技百科、居家关怀、亲情在线等多项便民服务，不断提升人民群众获得感、幸福感。

（六）浙江临安：建设山核桃产业大脑

1. 案例概况

杭州市临安区是浙江省最大的干果产业集聚地，现有山核桃种植面积 57 万亩，年产量近 1.5 万吨，干果加工量占全国的 60%，是临安山区林农的主要收入来源，可辐射带动坚果类产业产值达到 200 亿元。尽管近年来临安山核桃产业不断发展，产业优势和影响力不断扩大，但在发展过程中也存在着种植难、销售难、服务散等问题。进一步提升山核桃林地生态系统稳定性和"绿水青山"向"金山银山"转化效率，实现山核桃产业高质量发展，提升产品竞争力，不仅对干果类主导产业数字化转型具有重要示范意义，更关系到农民增收致富、乡村全面振兴和共同富裕的实现。

为此，自 2020 年以来，临安立足自身资源禀赋，结合国家数字乡村和"互联网＋"农产品出村进城国家试点，以及省级乡村振兴产业发展示范区建设试点，大力实施"互联网＋"农产品出村进城工程和"数商兴农"行动，聚焦主导特色产业，通过数字化改革赋能，生态化建设提质，供应链打造优服务，品牌化运营促增收，助推临安山核桃由"深山老林"走向全国各地，促进产业高质量发展和富民增收。2021年区域公用品牌价值达到32.38亿元，连续5年荣膺坚果类第一名，实现全产业链产值近50亿元。

2. 主要做法

为提高产业竞争力，实现山区林农共同富裕，临安区农业农村局围绕数字化改革，以山核桃产业为切入口整体启动"浙优干果"产业大脑的建设，通过山核桃产业大脑数字赋能，助力实现产业增效、农民增收。

一是数字赋能产业链。以"林农主体需求、政府治理与服务需求、全产业链融合需求"为重点，开发"山核桃产业大脑"，深化"生产、加工、经销、监管"等全产业链环节的数字应用。"一产＋数字"重点实施山核桃生产标准化与智能化、管理数字化，建设山核桃产业标准模型，建设一批产业数字化生产示范基地，推广一批节本增效山地特色数字农业应用模式。"二产＋数字"重点提升山核桃产品原料管理、生产加工工艺数字化管理水平，强化产品质量安全全程追溯和投入品监管，推动产品生产、流通过程数据自动化、智能化采集，应用区块链技术使追溯数据上链，增强平台可信性，提升临安山核桃产业全链条、全流程、全领域质量安全监管能力。"三产＋数字"重点围绕品牌＋科技＋电商＋公共服务，实现产业融合发展，促进产业提质增效。利用电商大数据分析山核桃产业销售情况，为新品研发和品牌推广提供数字决策依据，倒逼生产标准化和品牌化。

二是数字赋能新业态。通过推进云计算、物联网、大数据、人工智能在山核桃生产、经营和管理中的运用，建设"两微一抖一快"营销矩阵，多措并举打开电商应用销售渠道，培育电商、直播带货等新业态。重点建设白牛电商特色村落景区，集山核桃生产销售、文化体验、休闲度假、电子商务于一体，打造乡村振兴电商产业转型升级样板，全面打响"中国农村电商第一镇"品牌，并引入电商平台云仓体系，降低物流成本、提高流通效率。实现从"田间地头"信息采集、农产品线上销售、"最初一公里"物流收件，到"城市餐桌"配送的无障碍输送，现已建成4个全国"淘宝镇"、4个省级电商镇和27个全国"淘宝村"，农产品电商销售业态呈现出蓬勃生机，其中2021年各类直播活动带动销售额突破2亿元。

三是数字赋能公共服务。通过梳理形成林农生产、销售等过程中的常用服务清单，重点打造"浙里办""山核桃一件事"服务应用，实现林农服务"最多跑一次""一键通办"，提高了服务效率和服务品质。林农可以在小程序里面找到"我要招工、我要购买农机、我要植保、我要买包装、我要申请补贴、我要保险服务、我要卖原料、我要检测、我要识别病虫害、我要找专家、我要加工"等18项一站式服务。例如，金融服务方面，山核桃林农只需在数字农证贷上提交个人与农业资产基本信息，即可快速完成山核桃土地资产认证，进而生成数字证书及评估分，得到授信额度后，根据资金需求获取贷款，目前农户已经授信1亿元以上。

3. 发展成效

一是产业发展更有力。依托山核桃产业大脑，聚焦生态治理、标准化加工、产业服务等痛点难点，梳理适度规模流转、绿色生产、市场信息对称、食品安全监管等重大需求，形成原料交易、消费者画像、品牌管理等多个跨应用场景，解决山核桃"哪里适合种、如何种得好、如何标准化加工、如何卖得好"等第一、第二、第三产业融合问题。山核桃产业在2021年提升8%的经济效益，尤其是扶持和培育了一批电商企业和"淘宝村""淘宝镇"，走出了"互联网＋山核桃"的临安电商模式，带动了区域的发展和繁荣。

二是林农获得感提升。在数字技术应用中，为林农带来超 4 亿元的直接收入。其中，2021 年农产品网络零售总额达 48.7 亿元，让"互联网＋"农产品出村进城工程真正惠及广大农民群众，推动实现乡村共同富裕。打造"便捷化"农事服务平台，如林农利用 AI 智能识别技术，用手机拍照即可掌握病虫害情况和防治方法，还可通过智能问答系统在线上与专家实时交流。截至 2021 年 12 月底，山核桃数字服务系统累计注册用户 3128 人，日均活跃用户数 158 人，累计访问量 1.3 万次。

三是生态环境更好。利用卫星遥感测绘山核桃种植分布区，对比气候、地形、土壤三个指标，分析林情、叶情、花情、果情，结合农产品质量、产地环境、农业生产方式等内容，对种植区状况进行综合评价，测算出种植适宜指数，并通过红、黄、绿三色码管理，直观呈现高、中、低三类风险信息，为政府山核桃退果还林决策提供科学依据，持续推进"退果还林"生态化建设，区域生态环境进一步变好。如 2021 年，全区已完成 57 万亩林地生态适宜性评价，投入 1.6 亿元，完成退果还林面积 2.15 万亩。

（七）浙江上虞：建设直播生态产业园

1. 案例概况

上浦乡村振兴直播生态产业园是全区首个以乡村振兴为主题的直播生态产业园，该产业园由浙江缘易文化发展有限公司运营，产业园内设有文化及产品展示中心、培训中心及直播间等。为了让直播共富行动能真正落地见效，上浦镇与浙江缘易文化发展有限公司签订乡村振兴宣传服务协议，该公司 5 人以上的直播专业团队驻点上浦镇，每月开设直播培训业务和直播创业活动，同时开设直播间（点），推介上浦文化旅游，实施直播带货销售等活动。

2. 主要做法

一是"直播＋培训"。近年来，乡村振兴直播产业园多次开展共富直播培训班，特邀经验丰富的大咖讲师"手把手"教授如何直播带货，来自上浦各村的意向从事网络直播的种植大户、企业家、社工积极参加培训。培训采取"线上＋线下""理论＋实操"结合的方式进行，从直播的现状、直播干货分享和如何进行直播带货等方面做了深入浅出的讲解。每次实训时，学员们都会运用新学的技能直播讲解，吸引粉丝进入直播间。

二是"直播＋宣讲"。"中国人，国强家富扬眉吐气……"在上浦镇乡村振兴直播中心，年逾七旬的曲艺表演家吴宝炎穿着长衫，手拿三敲板和纸扇，正用莲花落直播宣讲党史。一说一唱间，党史听起来浅显易懂、入脑入心，直播点击量"噌噌噌"地往上涨。吴宝炎笑着说，与时俱进也是莲花落自身发展的需要。上浦镇居民赵森琼看后兴奋地说："用莲花落直播宣讲，这种形式就很新颖，蛮符合我们年轻人的潮流，看了听了后，觉得挺好的。""看了直播后，让人耳目一新。"大善小坞村村民宋建灿说，绍兴莲花落就是接地气的曲艺节目，现在创作成宣讲党史，别有一番风味。

三是"直播＋带货"。家住上虞区上浦镇戚山村的史月芳原先以务农为主，农闲时做些小工艺品。"我们村有不少姐妹学过刺绣、服装裁剪，经常在一起做布艺十二生肖、胸针等手工艺品。"史月芳说，以前这些手工艺品只能用来赠送亲朋好友，现在通过直播销售，成了"香饽饽"。每次直播，都能卖出数百元，最多一次超过1000元。在上浦镇，像史月芳这样的直播网红已有数人。上浦乡村振兴直播生态产业园不仅提供场地，还免费传授短视频拍摄、产品上架、直播带货等技巧。史月芳报名参加了首期培训。

一堂堂生动的培训课，一次次手把手的直播演示，让从来没接触过直播的史月芳很快开窍了。2021年11月初，史月芳在家里开设直播间，每天利用中午、晚上空余时间练习直播带货。慢慢地，流量上来了，销量好起来了。现在上浦镇已涌现出了一批"草根网红"，史月芳还被浙江缘易文化发展有限公司看中，主动上门寻求与她合作，而另一个"草根网红"傅卫娟已成为上虞区乡村振兴直播生态产业园的"签约艺人"。浙江缘易文化发展有限公司总经理陈彬专程从杭州赶来，与史月芳商谈合作事宜。最终，双方达成合作意向，由缘易文化提供资金和订单，史月芳提供手工艺品。

四是"直播＋三新"。打造新农货，根据资源优势，选取代表性农产品或特色产业，进行"一村一品"农业精品专项策划包装，助力农产品上行，结合区域特色，帮助各地优质特色资源建立市场化的品牌定位和营销策略。通过录制短视频口播、参与直播间带货、连线互动，或者线下活动等形式参与活动。在官方媒体和强势平台的双重背书下，共同引导当地的乡村带货经济、直播电商健康发展。培训新农人，深度挖掘当地的文化旅游资源，打造符合新媒体语境的品牌推广方案，组织平台达人产出优质短视频，为当地机构、企业、带头人等提供专业的新媒体培训课程，培养专业人才，促进"造血式"帮扶，让更多像"阿芳"一样的新农人，让众多村民走上共富路。推广新文旅，邀请网红达人，在民宿前、乡间里、各大景区进行采风，拍摄田园风Vlog，吸引游客前来拍摄同款。网红达人、文旅创作者等走进乡村，深度体验乡村生活，并进行抖音直播，与网友交流互动，让更多人看见乡村之美。达人可在乡村进行电商直播，为乡村的民宿、文旅进行直播带货。

3. 发展成效

一是带动乡村就业创业。乡村振兴直播生态产业园催生了网店微商、农民博主等就业岗位，成为农村创业的一个重要方式。电商直播平台等渠道，将本地的特色商品、自然风光、文化旅游资源及时、清晰、准确地对接全国大市场，拉近与各地消费者之间的距离，带动乡村旅游、餐饮及民宿等产业的发展。同时，直播的带动，将乡村的绿水和青山的旅游价值推广出去，成为创收的重要资源。

二是提高农产品附加值。网络直播能够充分发挥专业性强、流量集中、复购率高等优势，系统性助农、富农，流量惠农，不断打造出特色农产品品牌，提高产品附加值，让农民共享"直播经济"的红利，进一步扩大助农成果。直播电商能较好地解决市场中长期存在的供需错配、产销矛盾突出、信息不对称、销售渠道不畅等痛点。

三是三产融合助推共同富裕。上浦乡村振兴直播生态产业园运营后，有效构建起上浦文旅特色资源直播宣传推介阵地，每年可导入不少于50000人的旅游人次。直播平台带动乡村老百姓直播卖货，有力助推电商产业、美丽经济发展，为推动乡村振兴、共同富裕引入新活力。借助乡村振兴直播生态产业园，进一步整合乡村特色资源，将农产品、文创产品、农业旅游、文化体验等推广出去，打造线上线下深度融合的示范园区，充分利用直播经济推动乡村振兴，实现共同富裕。

（八）浙江建德：建设数字街区助力旅游发展

1. 案例概况

建德市寿昌镇位于建德西南，距杭州约136公里，距建德市区18公里，地处浙西交通枢纽，常住人口近 5 万人。寿昌中山路步行街位于寿昌镇中心地带，商业集中，市场繁荣，全长 1500 米，宽 8 米，是以"寿昌味道"为主题设立的集餐饮、休闲、文创、购物等业态于一体的多样化综合性步行街。围绕数字化改革总目标，寿昌镇按照"以用促建、共建共享"的原则，以建设数字街区、深化夜经济品牌为切入点，以新一代数字化技术为核心，打造寿昌"智由"消费系统。主要涉及线上点餐、统一账户、售后分账、消费者多元化服务、商户行政服务、商户监管等方面，推进街区治理能力现代化，提升政府街区运营管理效能、商家整体运营效益、消费者服务体验。

2. 主要做法

寿昌镇街区数字化以新一代数字化技术为核心，按照浙江省政府数字化转型"四横四纵"体系，实现数字商业、数字管理、数字服务和数字生活建设，推进街区治理能力现代化。寿昌镇通过与中国工商银行合作的方式分担投入资金，由第三方中国银联负责"智由"消费点餐系统的开发，共同打造寿昌数字街区项目。

一是"智由"消费系统。以寿昌"909"夜市街区为实际治理对象，结合街区内的商户监管、商户服务、消费者服务、停车服务、人流管控、防疫预警等多方面状况，以大数据、云计算、物联网技术、数据集成及赋能为手段，构建"1＋5＋2"的寿昌古镇街区数字化治理的总体架构。即：1 个寿昌"909 夜市"街区治理数字门户，包含商铺监管、人员管控、零售管理、商户服务、消费者服务等 5 个街区治理的具体领域，主要分为游客端、政府端、商户端三大端口建设，打破街区传统管理模式，解决街区整体运营、管控、治理、服务等方面遇到的难点、痛点。

二是游客服务端。主要以服务本地百姓、外来游客为主，由寿昌"智由消费"（微信小程序）和智慧商圈（跨店统一支付）组成。通过小程序，为游客提供导游导览、交通导航、快捷停车、实时信息资讯、快捷食宿订购、智慧导览、游客反馈、商户入驻等功能，联动严州古城景区和三江口文旅景点，打通区域内酒店和餐饮系统通道，实现游客停车和旅游厕所数字化。通过古镇核心中山路步行街及"909"夜街的智慧商圈建设，为景区商户提供线上销售平台，实现线上线下消费、商户管理、街区管理等功能数字化。游客可在街区实现一码吃遍全街，即跨店点餐统一结算，同时针对年纪大的客户，添加线下点餐、统一支付功能。

三是商户移动端。以服务商户为主，由商户店铺管理系统和商户服务系统组成。提供在线查看账单、商品管理、菜单查看、在线收账、消费反馈与评价、网红爆款分析、政府端优惠政策信息推送、歇业申请、工商申请、行政处罚处理等功能。重点解决商户的歇业申请、营业执照申请、行政申请的平台快速化处理，建设商户经营信息推送系统，将重大节假日研判的人数预警、消费者喜好、消费者画像、政策扶持等优惠措施及时推送至商户端，做好店小二服务角色。

四是政府治理端。主要以探索街区（景区）智治为主，由数字门户、业态招商、商铺监管系统、智慧消防应用组成。归集街区治理相关数据，形成寿昌古镇街区治理成效一张图；发布商业街各类业态相关信息，基于寿昌古镇二三维一体化空间数据底板数据进行店铺智能选址分析，做到精准招商、高效服务；针对寿昌市商铺经营过程中容易出现的卫生、消防、安全、食品安全、经营秩序等异常问题，一铺一码，政府管理人员可通过现场扫码填写检查情况，并推送至商户端和政府后端平台，如有问题可及时要求整改。

3. 发展成效

一是提升商家整体运营效益。打造立体化线上营销渠道，整合政府资源，发挥街区优质要素联动能力，降低引客成本，突破单店营收瓶颈，形成片区优势资源流动共享的局面，推动寿昌夜市街区经济的发展。

二是提升消费者服务体验。建设集跨店点餐、停车、住宿、推荐等于一体的消费者数字服务平台，提供10秒订餐、20秒入园、30秒入住等旅游一键化服务，游客只需扫一个小程序即可畅游寿昌。以最优规划推荐及最优资源一体化的方式提升消费者满意度，打造以优质体验为核心的网红经济。同时，通过小程序的使用，一方面集成消费大数据，分析游客结构，针对游客定向推荐热销产品等，为景区业态调整布局提供依据；另一方面促进街区管理升级，为居民、游客提供更好的游玩、购物体验。

三是打造街区数字化运营样本。构建商铺监管、经营管理、商户服务、游客服务、用户管理五位一体的街区数字化运营体系，使之成为建德夜间经济新地标，为浙江数字化街区治理提供寿昌样本。

四是提升政府管理效能。归集游客数据、停车数据、店铺经营数据、零售数据、预警数据、住宿数据等多维数据，可视化直观呈现街区运营态势；通过打造行政审批、行政处罚、线下巡检的闭环管理提高各个部门的管理能效。

（九）浙江德清："数字乡村一张图"重塑乡村治理

1. 案例概况

2019年，中共中央办公厅、国务院印发《数字乡村发展战略纲要》，为乡村数字建设提供了良好契机，但数字技术与乡村振兴深度融合仍面临着乡村信息基础设施薄弱、乡村大数据应用技术支撑不足、乡村数字化意识与数字素养存在短板等痛点难点问题。德清县是浙江省首批美丽乡村示范县，也是联合国世界地理信息大会举办地。五四村依托德清县地理信息技术及"城市大脑"，构建"数字乡村一张图"（见图7-5），即乡村治理数字化平台，将乡村规划、乡村经营、乡村环境、乡村服务等内容以数字技术达到可视化效果，成为数字乡村治理的样本村。

图7-5 德清五四村"数字乡村一张图"

2. 主要做法

德清县五四村利用大数据和地理信息技术，积极打造数字乡村全景图、乡村服务管理移动端和县域乡村数字治理中心，让乡村治理更加精准。通过"一图一端一中心"，德清构建起全领域的数字化空间规划建设管控体系，提升乡村治理的辅助决策分析能力。聚焦乡村基层"智治"的同时，以数字赋能助力乡村振兴，全力做好数字化和产业融合的文章。

一是以整体为理念优化乡村数字治理框架体系。始终坚持"整体智治、唯实惟先"，以数字化重塑乡村治理思路、路径及空间形态，探索建立"一三五"整体架构。"一"是依托省市公共数据平台和城市大脑，打造统一的数据底座；"三"是"一图一端一中心"三个应用支撑载体，即一张动态交互的数字乡村治理全景图，与"一张图"相匹配的以"浙里办""浙政钉"为核心的移动应用端，以及依托基层治理四平台构建的乡村数字治理指挥体系；"五"是推动乡村经营、乡村服务、乡村监管、乡村治理、基础设施五大领域数字化。

二是以智治为核心大力推进乡村治理可视化、数字化、智能化。依托地理信息技术，实现乡村治理可视化。以建设省域空间治理数字化平台德清试点为契机，叠加电子地图、遥感影像、三维实景地图以及各部门应用等18个图层，建成数字化"孪生"乡村，实现了基础设施可视化管理、线下工作数字化管理等。聚焦数据归集共享，探索乡村治理数字化。通过政务数据接入、现场数据采集和物联感知设备推送等渠道，归集58个部门282类数据，实时共享时空信息、基层治理四平台、垃圾分类等15个系统数据。着眼辅助管理决策，促进乡村治理智能化。聚焦数据量化分析，通过智能搜索、异动管理、工单流转等功能，逐步实现"人、事、地、物"精准可查、分析报告自动生成、异动管理一键可知。

三是以"唯实"为导向注重实效丰富乡村治理场景。方案项目化，基于"一张图"量化建设乡村治理多规合一应用、粮食生产功能区和渔业养殖数字化、人口动态迁移感知等20个重点项目；项目场景化，根据各村以及镇（街道）、职能部门服务管理实际需求，上线民宿管理、水域监测、智慧气象等 120 余项功能；工作高效化，结合"村社通"，减少各种重复性表格填报，改由公共数据平台直接取数，有效解放了基层干部的手脚，目前已涉及数据 51 万余条，填报速度翻番。

四是以"惟先"为主轴创新再造乡村治理流程。打通一站式公共服务通道，推动"最多跑一次"改革向村级延伸，依托政务服务网、"浙里办"，引导村民就近在线办理社会保险、挂号就诊等事项 13.9 万件，推出在线求职、慢病管理、助残养老等民生服务；构建闭环式民生治理链条，打通应用系统构建村情民意、遥感监测等事件工单流转处置机制，形成"发现—化解—评价—巩固"的闭环链条。

3. 发展成效

一是改善乡村环境治理。五四村的垃圾运输车上装有监控、扫描仪和智能电子秤，收集垃圾的时候，扫描仪会扫描到农户垃圾桶上的二维码，将数据传入系统中进行分析。如出现垃圾分类不规范的情况，数字平台会把信息第一时间传递到垃圾专管员手机上，村里所有环卫工人都配备了"一键通"设备，从而实现垃圾分类指导马上到。垃圾清运车上安装的 GPS 定位装置和环卫工人配备的"一键通"设备，使得工人的作业数据被实时上传，每位工人的工作编号、坐标和作业轨迹都会在数字地图中显示出来，智能设备与"一图感知五四"系统的引入解决了垃圾分类工作中的难题。上线数字平台监管垃圾分类以来，五四村垃圾分类精准率提升 50% 以上。

二是提升乡村医疗服务水平。五四村邻里中心的健康监测仪成了村里老人们的最爱，为村民带来了实实在在的便利。健康监测仪会为每一位"坐"过的老人自动建立健康数据库，首次使用须刷身份证，之后系统会自动进行人脸识别，大家从显示屏上就能看到自己的各项健康数据，系统还能对比分析数据发现老人潜在的健康风险，建议老人及时就诊。这个系统还可提供村民转诊服务，只要输入姓名就可以找到之前的信息，然后直接把之前的用药记录、病史等内容上报给医院里的医生。

三是提升乡村治理效能。五四村"数字乡村一张图"通过智能测量、无人机航拍监测等技术，全面感知全村生产、生活、生态的动态详情，包含乡村规划、乡村经营、乡村环境、乡村服务和乡村治理五个模块，涵盖环境治理、水域监测、危房监测、智慧气象、医疗健康、智慧养老等 120 余项功能。通过一张动态交互的数字乡村全景图，实时呈现环境、服务、治理的运行状况，为乡村治理决策提供辅助。2020 年以来发现人居环境、治水拆违、私建墓地等问题点位 10 万余个，用时缩减 86%，处置率达 96%。完善基层治理四平台功能，形成问题建议"收集—交办—办理—反馈"闭环处理机制。2020 年以来村民反映的 20 余万个问题基本得到解决，处置率达到 97.2%；制定规范化标准，发布国内首个数字乡村建设与治理指导性地方标准规范，为形成可借鉴可推广的德清经验提供制度规范。

（十）浙江慈溪："桥头分"激活乡村文明新风尚

1. 案例概况

数字乡村既是乡村振兴的战略方向，也是建设数字中国的重要内容。探索乡村数字治理新模式，促进信息化与乡村治理深度融合，补齐乡村治理的信息化短板，提升乡村治理智能化、精细化、专业化水平，是国家数字乡村试点工作提出的重点任务。桥头镇位于慈溪市中部，全镇行政区划面积 43.91 平方公里，全镇下辖 1 个居委、8 个村。户籍人口 3.8 万，流动人口 2.6 万。在社会治理方面，桥头镇纵深推进"两网融合"工作，积极推进"最多跑一次"改革，大力推进镇村级天网工程建设，形成了综合治理体系。但同时，桥头镇同样面临着村级数字化基础薄弱、村民主体意识淡薄等乡村治理的共性难题。桥头镇所在的慈溪市是首批国家数字乡村试点地区。慈溪市桥头镇自治平台"桥头分"以"数字化积分"为核心，运用大数据和区块链技术，通过"积分＋信用分"的产品机制，综合运用技术、商业和组织手段，打造了"治理＋发展"的数字乡村生态。

2. 主要做法

"桥头分"是一个创新的乡村数字自治平台。平台运用大数据和区块链等先进技术，聚焦"村"这一乡村治理的基本单元，突出"村民"主体，从实际问题出发，创新积分激励机制和信用分应用场景，赋能乡村治理，助力乡村发展。

一是搭建乡村自治平台架构与村民参与激励机制。"桥头分"从乡村治理的实际问题出发，通过"两分四场景"的整体架构，构建起"治理形成信用，信用促进发展"的业务闭环。两分即"积分"和"信用分"，四场景分别是村民"赚积分""花积分"场景和"获取信用分""使用信用分"场景。"积分"是动员村民参与治理的激励机制，通过"赚积分""花积分"两大场景，积分能赚能花，形成激励闭环。"信用分"是村民的数据资产，基于自愿，用于发展，是对村民参与乡村治理的综合评价和量化反馈（见图7-6）。

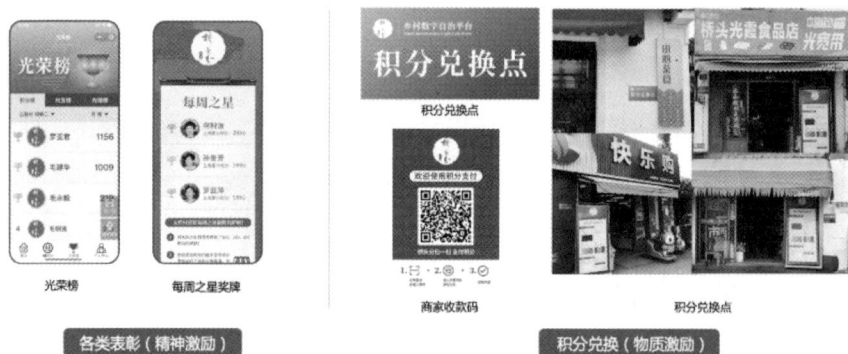

图 7-6　慈溪桥头积分激励机制

二是建设"信用分"信用体系。在积分的基础上，通过抽取村民治理行为数据，经过后台算法的动态计算，形成了每一位村民的"信用分"。信用分可用于招工、社工、小微工程承包、贷款授信等村民信用场景，从而让积极参与乡村治理、贡献多、信用高的村民，优先或更高规格享有各项发展权益。"信用分"数据用区块链登记和管理，透明客观，不可篡改。同时，"信用分"算法预留了第三方数据接口，便于接入"桥头分"之外的第三方涉信数据，为信用分的长期发展和开放应用创造了条件。

三是建立"桥头卡"信息普惠。针对没有智能手机的老年人和不擅长使用智能手机的村民，"桥头分"配套设计了"桥头卡"。"桥头卡"是一张记载了姓名、照片、二维码等身份信息的实体卡片。村民凭卡可参与活动、获得积分和兑换积分。"桥头卡"与小程序形成有效补充，最大限度地拓展了"桥头分"的普及面，用实实在在的举措，解决老年人在运用智能技术方面遇到的困难，做到了传统服务方式与智能化服务创新并行。

3. 发展成效

一是让老百姓能用爱用。"桥头分"以微信小程序为载体，以村为使用单元，一村一界面。每个村民选择自己所在的村（网格）后，实名登录和使用。小程序上线前，村"两委"负责录入辖区内户籍人口与常住外来人口相关信息，村民和村友分别通过村民、村友入口登录，其余人员可通过游客入口登录。村民在手机上通过"看一看""点一点""说一说""扫一扫"等简单操作，即可完成学习、荣誉申报、民主评议、活动报名和积分兑换。

二是为村干部的工作助力。在实际使用中，村干部和网格员探索出了一系列的工作场景，包括新冠疫苗免费接种报名、平安巡防、庭院整治、垃圾分类等，依托"桥头分"提高了动员组织村民的效率，有效地扩大了现有工作的影响力。

三是形成共建共享机制。积分商城打造了一个商家、村民、政府三方共建、互惠互利的积分流通平台。商家可在商城获得更多的曝光；村民可在商城获得实打实的优惠；政府可将积分回收，减少积分池的现金投入。基于积分商城，"桥头分"建立了积分共建机制。除政府资金投入外，积分商城还纳入了个人积分捐赠、商业机构的资金捐赠与商品兑换、公益组织的服务兑换，以共建模式实现积分的可持续发展。

（十一）浙江嘉善：大云镇垃圾分类的数字化实践

1. 案例概况

集镇、农村的垃圾分类工作和城市相比，在组成成分和处理方式上都存在差异。当前，乡镇垃圾分类存在农村生活垃圾基础分类设施缺乏，村民的环保及垃圾分类意识不足、垃圾分类知识缺乏，普通农村居民居住分散，公共设施选点难及数字技术薄弱等问题。在此背景下，嘉善县大云镇构建了垃圾分类数字治理体系"大蔚分类"，以全民参与、积分激励、资源化闭环为特色，线上平台和线下运营模式结合，通过垃圾分类全过程的数字化运营和监管，打造大云垃圾分类"数字化＋资源化"特色治理模式。

2. 主要做法

依据"分类投放要定时、分类收集要定人、分类运输要定车、分类处理要定位"的"四分四定"农村生活垃圾处理要求，"大蔚分类"基于户分类、村收集、镇转运、县处理的模式，因地制宜，通过垃圾分类和垃圾处理两大场景构建垃圾分类全流程闭环，通过"一分"，即垃圾分类积分体系，实现农民垃圾分类的正向激励体系，促进垃圾分类长效执行。同时将垃圾分类积分作为一个独立的场景应用和第三方系统互联互通。

一是实施"1＋1＋1"（监管平台＋村民端＋运营端）的系统架构。考虑到村民的年纪和对新事物接受的程度，"大蔚分类"在方案的实现上，尽量减少村民的复杂操作，让设备多做事，让数据多跑路；通过运营人员＋数字化系统的技术支撑，获取村民垃圾分类的情况，同时提高"大蔚分类"的实质效果，做到效果可量化、数据可视化。

二是构建村民"赚积分花积分"的闭环反馈机制。村民参与日常的垃圾分类活动，按照标准正确将垃圾分类，可获得对应积分。积分可以通过居民积分卡或者积分币兑换实物。同时，形成村民垃圾分类积分排行榜，进行线下张贴公布和线上展示。"大蔚分类"设置了线上积分商城和线下超市，通过不同的渠道满足村民不同的消费需求。运营企业通过和线下超市对接，签署协议，打通积分使用途径，实现积分方便兑换，提高村民的积极性和获得感。

三是构建垃圾分类处理闭环机制。分类以后的易腐垃圾通过资源化一体机就地减量化处理，做到易腐垃圾"不出村"，经过生化处理机和有氧微生物，结合多种堆沤技术，产生可再利用物料，经过加工可形成各类种植所需的基质、有机肥原料，可以还肥于民，还肥于田，做到资源化利用。对于再生资源，通过多途径将生活垃圾中的可回收物加以回收利用，包括智能可回收物回收箱、小程序线上预约上门回收、回收热线预约上门回收、定时定点回收等，结合多种方式满足不同人群的回收需求，统一在农村驿站（见图 7-7）进行可回收收集。

图 7-7　大云镇可回收物分拣中心

3. 发展成效

一是以数字技术支撑提高乡村垃圾分类效益。一方面，运用数字化管理技术，构建一个基于数字信息资源的数字化管理系统，实现流程化、制度化与标准化；数字管理系统责任明确；实时监控、减少各种违规现象出现，减少管理上的纠纷。另一方面，随着数字化管理技术的运用，例如一户一码一卡的投放管理等在很大程度上能够把管理过程化繁为简，把相应的处理环节进行合并与压缩，提高了整体的垃圾分类处理效率。截至2021年5月，"大蔚分类"平台已覆盖了大云镇708家商铺、226家企业，总计12934人加入垃圾分类工作体系，累计发放积分80万积分（1积分＝0.01元），兑换35万积分。平台累计实现易腐垃圾处理1381吨，有机肥出料22吨。通过物联网、互联网、大数据分析等技术并结合智能感知终端，项目实现了从垃圾分类到垃圾处理的一体化服务，做到垃圾分类的全链路管理和工作数据化、可视化、智能化。

二是数字赋能垃圾分类提升乡村治理深度。通过各种数字化管理技术，进一步缩短了上层管理部门与街镇、村居及公众之间的距离，强化了各方面的关注与参与，加大了管理的深度与宽度；数字化技术也有效实现了垃圾分类的共治、共建、共享的目的，切实减轻管理人员的压力与降低了各类资源的投入，把垃圾处理成本降到最低。同时，垃圾分类产生的积分体系，作为数字乡村的一个维度的评价指标体系，可以标准化输出给第三方系统，实现全体系的评价机制，促进乡村的数字化治理。

（十二）浙江长兴：智慧化积分系统助推绿色低碳

1. 案例概况

长兴县水口乡拥有规模化的乡村民宿群体和庞大的游客群体，结合智慧化、科技化发展需求和绿色低碳共富的发展战略定位，需要突破传统管理模式、创新管理机制，进一步加深产业融合，推进产业结构转型升级，拓宽村民增收渠道，在"碳中和、碳达峰"和"共同富裕"背景下，形成政府、村民、游客间的良性互动，依托智慧化手段加速推进产品提档升级、产业深度融合、个体经济和集体经济协同、"富口袋"和"富脑袋"并进、生活品质和旅游体验提升等，从各主体的生产、生活等处着手，整合各类资源，发挥地区优势、产业优势、产品优势、游客优势等，营造主客共享的良好局面，助力共同富裕。

2. 主要做法

水口乡绿色低碳共富智慧化积分系统整合乡村民宿、游客、村民、旅游供应链和产业链等信息，结合乡村治理、乡村经营、绿色低碳、文明诚信等需求，依托数字融合打破信息孤岛，建立"绿色积分"评价、兑换和使用机制。不同主体形成的"绿色积分"可在水口乡未来乡村数字化系统相关商城和指定线下门店兑换产品，"积分"在作为评优评先依据的基础上，还作为乡村民宿、村民、商户等产品优先推荐销售，劳动用工优先安排，享受"绿色保险""绿色金融"等优惠的依据。通过"积分"体系建设，打通第一、第二、第三产业链，充分调动各主体的积极性、主动性和参与性，特别是借助年超400万人次的游客，进一步倡导和践行"绿色、低碳、共富"理念。

一是推动第一、第二、第三产业融合发展。水口"绿色共富"积分体系结合游客、村民、乡村民宿等日常行为制定：（1）对水口乡智慧旅游系统开展全面升级，全面优化游客订房订餐、咨询服务、旅游体验等场景，进一步提高游客的体验度；（2）在基础信息采集过程中，以家庭为单位开展村民产业信息采集，以户为单位开展乡村民宿基础信息采集，并依托"积分"体系推进村民产品—乡村民宿—游客间信息互通，让全乡村民都能够享受乡村旅游带来的红利；（3）围绕乡村民宿产业建立旅游供应链系统，在为乡村民宿行业提供优质产品、优质服务等基础上，为系统可持续运营提供坚实的经济保障。在未来乡村的主框架下，根据不同场景，积分形成由系统自动采集计分、游客自行上传形成积分、部门日常检查和评价形成积分等多形式组成。用户可在特产商城、景区门票商城、乡村民宿餐饮、旧物置换等场景使用积分，促进了消费，帮助商家更好地销售产品（见图 7-8）。

图 7-8　茶香水口游客端和水口小程序村民端

二是推进主导产业数字化转型升级。按照省市公共信用评价要求，结合《长兴县农家乐（民宿）积分制管理办法》制定出台了《水口乡农家乐（民宿）积分制管理办法》《水口民宿（农家乐）行业诚信体系实施方案》，建立了《农家乐（民宿）垃圾分类管理规范》和《低碳民宿建设和评价标准》等地方性标准，将乡村民宿、农户信用评分、部门监管和社会治理要求、智慧旅游、产业发展等应用进行整合，实现智能化操作和数据汇集，通过积分信用排名逐步形成以信用为基础的数字化管理模式，并以信用为基础，串联第一、第二、第三产业，联动多方主体共推共同富裕。

三是促进新模式和新业态发展。建设了供应链系统，将与乡村民宿行业关联的产业如建筑业、金融业、电子业、交通运输业、物流业、冷链、物业、洗涤、农产品产供销、农业园区、景区景点、劳动用工等多种行业供应商整合入驻，为乡村民宿提供便捷高效优质服务，促进行业规范发展等。相关供应商、服务商一方面可以为建设积分兑换体系提供强大物质保障，另一方面为整个系统的可持续运营和迭代升级提供坚实的经济保障，同时通过数字赋能，进一步加大产业链间的协作和融合，促进社会经济均衡性发展。

四是社会合力推进数字化进程。"水口信用＋"模式基于科技化手段，整合政府、部门、村委、行业自治等单位管理职能需求，立足于产业发展导向，以信用评价为核心，通过清单化梳理，建立符合当地实际的智慧化科学评价体系，多端口打通了村民、乡村民宿、游客、产品、供应链体系。通过组建标准化管理体系，建立了常态化月度、季度、年度检查机制，确保数据采集的普遍性、准确性和公平性。

3. 发展成效

一是现代产业转型升级。相关行业、乡村民宿、村民等信用指数与其生产、生活紧密挂钩，其信贷指数、评优评先、产品销售、宣传营销等均以信用评价计分为核心依据，如近两年享受贷款优惠的民宿数量近400家，总授信额度4亿多元，疫情之后高积分农户还可享受利率减免、无还本续贷等优惠。每年全域旅游大会评比奖励以积分分值为核心指数。通过完善制度和建设积分体系，一方面给游客、民宿、村民等带来服务和体验的高效性和便利性，进一步提升了水口乡村旅游的知名度和美誉度，近几年虽然有疫情影响，游客量还是均超 400 万人次，2021 年旅游总收入超 12 亿元，同时客源结构也从中老年逐步向中青年过渡，客源结构进一步优化；另一方面通过积分体系建设和激励机制建设，形成了比学赶超的良好发展态势，进一步优化了产业结构，无论是乡村民宿的转型升级还是旅游业态完善均实现了逆势上扬。通过产业链和供应链的整合，完善了旅游资源的供给侧结构性改革和配置优化，围绕乡村旅游这一核心，通过数字化建设，促进了一产和三产的有机融合，不仅较好解决本地村民在地就业，还解决了大量的外来劳动力就业问题，形成了人人参与、有事可干、有钱可赚的良好局面，同时依托庞大的客流量，实现了本地农副产品就地销售，同步带动了长兴县乃至全国其他地区的农副产品销售。仅乡村民宿的平均年营业额就超 70 万元，50% 以上超 100 万元，人均纯收入达到 4.9 万元。

二是聚合现代产业要素。建立旅游供应链系统，通过制度设置和智慧化方式，利用大数据手段开展动态管理，择优选择行业内优质对象和产品入驻，有利于市场化公平竞争，在规范行业、百姓、游客守信自律行为的基础上促进全行业的转型升级。促进了一产农副产品从初级农产品向旅游商品、文创产品的转化，如水口的紫笋茶从最初的绿茶干茶销售向紫笋红茶、紫笋茶饼、茶文化系列文创转变，水口的蓝莓从鲜果销售向采摘园、蓝莓酒、蓝莓干等产业链延伸，"杳梦""水口草市"等一系列品牌相继建立，进一步提升了产业产品的附加值；通过整体营商环境的提升，开元集团、华住集团、景澜集团、杭州新天地集团等公司相继入驻，太湖之滨农耕文化园、唐潮十二坊、世界古典车模馆、四月天杜鹃花海、南山脚房车营地、杳梦画溪谷露营地等一大批旅游新业态相继开业，总投资超过 30 亿元，旅游业态的不断完善和旅游人才的不断充实对乡村旅游行业的高质量发展产生了极大的推动作用；通过品牌化建设和高端要素集聚，结合乡贤文化的挖掘，吸引了一大批人才回归投身乡村旅游产业发展，无论是旅游新业态的建设、乡村民宿的转型升级、旅游供应链完善还是文创系列产品开发和品牌建设等得到有效提升，以顾渚村为例，总人口2900余人，全村发展乡村民宿近500家，80%以上的村民从事乡村旅游行业，近年来从农家乐转型为乡村民宿的经营者基本上为第二代回归的人才。

三是提升人民生活幸福感。水口积分体系建设依托未来乡村总平台，在社会治理上以部门职能整合、多跨协同有效减轻了基层人员重复劳动的工作压力，有力促进了行业规范管理、产业良性发展、乡风文明提升等；通过智慧旅游场景升级拓宽乡村旅游的宣传推广渠道，提升游客的体验度；通过供应链系统建设，加深了关联产业的融合，有效促进旅游的供给侧结构性改革，实现产业增收增效；通过文明诚信体系建设和主客共享机制，将普通村民转型为服务者和经营者，提高了村民的法律意识、文明意识、诚信意识、环保意识等整体素质，实现物质文明和精神文明双提升，同步提升了村民的幸福感和满足感、游客的安全感和体验感等，进一步扩大水口的知名度和美誉度。

（十三）浙江温岭：促进机械化与数字化融合发展

1. 案例概况

温岭农业机械化、规模化、产业化发展快速，发展现代农业的意识已经深入人心，且农业机械化已具备一定规模。在全省数字化改革如火如荼之际，温岭市农业农村和水利局以农户对农机服务的迫切需求为指引，围绕农户"购机、用机、管机"全过程，以便民为出发点和落脚点，全力打造出"温岭掌上农机"应用，有效实现在线政务一键办理，有效促进农机社会化服务的专业化，切实提高农业机械化率，提升综合农机社会化服务水平，真正实现业务办理零次跑。

2. 主要做法

"温岭掌上农机"以需求为指引，以服务为导向，紧扣"购机、用机、管机"全过程主线，协同构建农机市场、滴滴农机、农机维修、跨区作业、农机补贴、农机保险、农机监管等七大服务场景，提供农机作业补贴一键领，跨区作业证一键发，农机维修、保险一键办，农机作业供需一键呼，农机在线监理一码扫等服务，促进了新机具推广、社会化服务、政府管理的有效融合，助力粮食增产保供、农户增收致富。

一是通过"掌上农机"助力生产托管。"温岭掌上农机"紧扣"购机、用机、管机"全过程主线，着力破解农机"普及率利用率不够高、补贴不够精准、监理存在盲区"等难题。目前，全市170台农用机具已安装北斗农机终端服务系统，8家农机综合服务中心、76个农机维修网点已纳入平台安全监控。通过该系统的建设，形成农业农机核心数据库，夯实农机信息化管理支撑，保障温岭市现代农业高质量发展。

二是通过"高新农机"加速机器换人。温岭市率先引进水稻钵苗插秧机（见图7-9）先进设备和技术，目前，该市拥有水稻育秧流水线25条，高速插秧机144台，水稻直播机55台，喷杆喷雾机41台，预计今年水稻生产综合机械化率达90%以上。

图 7-9　水稻钵苗插秧机

　　三是推广使用高性能农机，配套研发农艺技术。促进农机与农艺深度融合，逐步建立良机良种良法良制配套、农机农艺融合的技术体系。以"农艺孵化"助推研发应用。"掌上农机"平台落地社会化服务、政府服务和农机在线监理三大场景，实现农户"购机、用机、管机"全过程数字化，有效解决农机作业市场信息不对称和供需不平衡的问题。为农机设备全程记录轨迹、时速，利用云平台记录大数据分析提醒纠正违章行为，降低事故率，提高安全管理水平。

　　四是通过高新技术应用，提高生产管理效率。融北斗卫星导航定位、物联网传感、地理信息系统、4G/5G 移动通信、信息融合与数据处理等高新技术于一体，以高新技术助力生产服务。通过该系统的建设，形成农业农机核心数据库，夯实农机信息化管理支撑，提高农机管理部门管理效率，方便合作社和农户通过手机 APP 实时统计作业数据和实时调度，减轻农机手作业负担，促进农民增收 100 余万元。

3. 发展成效

一是办事零次跑，农机服务掌上办。通过多部门协同，打破数据壁垒，重新梳理农机作业补贴、跨区作业、保险办理业务流程，实现了农机作业补贴一键领，跨区作业证一键发，农机维修、保险一键办，农机作业供需一键呼，使农机业务管理和服务有效融合，真正实现了办事零次跑，提升了政府服务满意度和群众获得感。2021 年以来，精准发放机械化插秧补贴 212 万元，助农创收 1000 余万元。

二是信息无壁垒，实时信息随时享。打造统一的跨场景农机数据库，打破厂商、维修网点、农户间信息壁垒，为各类农业机械提供实时服务数据情况，使温岭农机行业服务和监管水平迈上一个新的台阶。政府提供平台，匹配农户和农机主双方作业供需，提高农机具的使用效率；对接需方和供方，进行政策引导和新机推荐，为新机具研发和新机具试点提供需求来源。

三是监管有创新，农机安全在线督。以"浙农码"为手段，实现了农机数字化管理制度的改革创新，以农业为主体，通过赋予农机和农机手"浙农码"、供应装备、提供数字身份认证，为主体对象提供精准化的数据，实现"码"上查询、服务、监管、营销等功能，并且可以智能分析与预警，进行有效的风险提示，建立起闭环的农机服务数字化管理模式，是农业数字化管理制度的一大突破。

（十四）浙江柯桥：数字普惠金融"共富贷"

1. 案例概况

经过多年发展，我国农村金融服务取得了长足进步，尤其是近年来，国有大型银行不断下沉服务，农村金融服务的可得性、便利性得到大幅提升，为农村农业发展提供了有力支持。同时，也必须看到，随着乡村振兴不断深入，农村金融服务短板日益凸显。一些金融创新产品虽冠以"农"字头，但在设计上却与农村产业的实际脱节，无法有效满足实际需要。站在农场主或农户的角度主要是贷款难、贷款贵、选择少这三点，而站在金融机构方则主要是获客难、风控难、催收难这三点。用户的三难导致用户对金融机构普遍不信任，给金融机构提出了更高的要求。针对用户和金融机构之间的信息不对称、资产定价、交易场景搭建等问题，瑞丰银行作为柯桥区乡村振兴主办行，联合柯桥区大数据发展管理中心，积极调研不同用户的层次需求，结合浙江省数字化改革已有成果，利用公共数据及其他相关数据，推出线上线下相结合的"共富贷"业务，为广大农户提供便捷、足额、便宜的融资服务。

2. 主要做法

一是小程序引流。从最早的企业微信分享 H5 链接试点到丰收互联小程序客户端，历经三次改版，拓展了丰收联盟客户权益区和微信公众号的申请入口，客户可以通过更加快捷和常用的社交平台来提交贷款申请。

二是模型控制。银行数字风控模型团队在接入绍兴大数据局、公积金中心、义乌商城征信、央行、百融征信等数据后，结合行内交易数据和收集的客户建档软信息，为"共富贷"产品构建了反欺诈、风险准入、授信测算、利率定价、精准营销五大模型，并开展常态化的监测迭代。在当前复杂的金融环境下，电信诈骗等事件层出不穷，欺诈风险远高于传统的信用风险，而且极易造成批量性的风险损失，因此在"共富贷"产品中，将反欺诈模型摆在首位，模型主要贯穿于微信小程序客户端上的客户注册、实名、申请等环节，包括基础准入、身份识别、静态检测、频次管控、团体检测、行为检测及资质预判七大板块，对于触发反欺诈规则的客户，将分类采取临时冻结、永久冻结等策略，冻结客户将被拒绝提交产品申请。以反欺诈基础准入中的 IP 及操作系统准入为例，系统将控制异常 IP 客户，检查客户 IP 地址是否有修改，是否有客户通过 PC 端进行异常操作，客户手机设备读取的信息是否正常等。

三是风险准入模型。主要采用"强规则＋决策评分卡＋模型信用分"的三重审核模式。审核的优先级为强规则→决策评分卡→模型信用分。其中强规则控政策风险和绝对风险，比如黑名单、多头贷款等；决策评分卡控单项重要风险，主要以专家经验模型实施单项否决机制，如征信当前逾期、累计逾期超限等；最后是模型信用分平衡风险。常见的是信用融合评分、通用信用评分、资金充裕度评分，分别采用了逻辑回归和 XGBoost 等算法，以信用融合评分为例，原始特征采用人民银行征信数据源，入模特征涉及多头查询、负债指数、资金宽松、逾期行为、教育程度、资产状况以及基础信息。模型得分分值区间为 0 ～ 800 分，分值越高，客户信用资质越好。整个模型的触发逻辑是触发强规则的客户一律否决，而后两者的运行逻辑是对于决策评分卡未准入的客户启用模型信用分判断，实施差异化授信和定价，并配以不同的白名单期限、还款方式，从而平衡风险。授信测算也是从专家模型及算法模型两个维度进行，分别对应风险准入的资质，专家模型会用到外部数据的收入、资产和信用情况，算法模型则是从征信角度来倒推收入和信贷资质，并取其中的最高值。

四是利率定价。利率定价与风险准入也是密切相关的，根据信用评分和资金充裕度评分来给客户评级，不同评级对应不同的利率执行档次，评级越高，相应的利率会更加优惠。此外，在客户营销过程中也会运用到一些精准营销模型，比如资金活跃度模型，会用于用信促活营销；比如 VIP 二维码，在总行行长和支行行长的营销圈内设立 VIP 客户，从而在模型层面调整部分参数，此类客户扫码申请会有部分优待措施，如提额或让利。

3. 发展成效

该项目极大地满足了不同类型农户差异化的金融服务需求，尤其是在个人用款方面，取得了一定成绩。截至 2022 年 8 月，累计 12.89 万户通过"共富贷"进行申请，完成授信 5.65 万户，授信金额突破 90.50 亿元，而且其中 79.79% 为之前尚未在瑞丰银行办理过业务的客户，这也说明了"共富贷"业务在各农户中广受欢迎，切实满足了他们的金融需求。在用户体验方面，"共富贷"产品相比之前的贷款产品，具有以下鲜明特点：一是渠道畅通，通过二维码链接即可线上办；二是资料简化，基本做到快速填写、快捷审批，广大农户扫描二维码，在线上即可测算贷款额度；三是底层农户受益，相对于其他类型贷款，"共富贷"客群的下沉，真正达到了精准"输血助困"的目的。下阶段瑞丰银行将继续通过数字化手段，提高用户体验，推动各类惠企信贷、助企服务、利民政策扎实落地，以超常规高质量金融服务，赋能区域经济稳进提质。

（十五）浙江遂昌："数字物流"助力乡村振兴

1. 案例概况

2021年中央"一号文件"《中共中央　国务院关于全面推进乡村振兴加快农业农村现代化的意见》提出，要全面促进农村消费，加快完善县、乡、村三级农村物流体系，改造提升农村寄递物流基础设施。2022年浙江省商务厅组织开展"畅流通、兴乡村、促共富"县域商业体系建设，提出打通"工业品下乡最后一公里和农产品进城最初一公里"节点通道，加快农村物流快递网点布局，实施"快递进村"工程。中央、省市的系列部署，表明农村物流体系不仅是农产品进城、消费品下乡的重要渠道之一，更是现在物流体系中的堵点和痛点难题，对满足农民生产生活需要、释放农村消费潜力、促进乡村振兴具有重要意义。2021年以来，遂昌县积极响应号召，引入"数字物流"概念，启动全省首个数字乡村物流中心建设（含农村三级物流体系建设），突出统仓共配、双向流通两大特点，彻底打破快递行业"同行是冤家"和农村寄递物流不便利两大僵局，助力茶叶、高山蔬菜和番薯干等特色产业发展。

2. 主要做法

一是完善物流体系，实现县、乡、村三级物流配送全覆盖。合理规划和布局物流基础设施建设，以标准化县级处理中心暨"数字乡村物流中心"为基础，建设13个乡镇级物流中转中心、173个村级综合服务站，服务辐射全县20个乡镇201个建制村。遂昌县邮政分公司投入4辆大型干线邮路汽车实现"县城—乡镇"汽车邮路快速通达，投入8辆箱式小货车实现"乡镇—主要建制村"快速通达，投入电动三轮车13辆以实现投递到村的高效配送。此外，11 辆汽车全部安装 GPS 定位系统，纳入"数字物流"系统实现邮车配送数据实时更新。

二是加强资源整合，实现县域快递包裹统仓共配。遂昌县邮政分公司同圆通、中通、申通、韵达、百世快递等多家民营快递公司签署了"邮快"合作协议，对县域内农村地区的快递包裹实施"统一分拣、统一运输、统一配送、统一收寄"，实现资源整合利用，以最经济、有效的方式实现"快递进村"。利用中国邮政集团现有"中邮驿站"和"中邮驿路"两大网络平台优势，打破与民营快递企业包裹数据网无法共享的壁垒，引入自动化包裹分拣设备，打造全国第一套邮政与多家民营快递公司实现共同分拣的自动化设备，实现了平台统一运行、数据实时共享。

三是叠加多重功能，实现"电商＋快递"一站式服务。邮政利用自身"中邮驿站"数字化系统优势，对全县 173 个村级综合服务站进行标准化建设和个性化改造，设置"快递包裹收寄投递功能区"和"电商综合服务功能区"，通过信息汇总、物流直达、网红直播平台打造"数字乡村综合服务中心"，为百姓提供最便捷的电商物流综合服务。当前，已建成 173 个村级"中邮驿站"，后续通过对站点的功能叠加，将实现农村群众家门口收寄件、线下线上缴费、购物体验、直播销售等"一站式服务"（见图 7-10）。

图 7-10　数字乡村物流中心

3. 发展成效

一是快递物流行业降本增效。县级处理中心正式投入运营后对全县所有快递件实现共同分拣、共同配送，全面改善原先各自为政、重复投递、效率低下的局面，城区投递成本下降约 40%。以 2021 年遂昌进口件 1050 万件为例，一年为快递公司减少 1000 余万元投递成本。同时，统仓共配将有效压缩时间成本，降低同一片区、同一邮路的重复投递率，大大提升城区包裹分拣、收寄、投递时效。

二是城乡物流服务质效提升。乡镇级物流中转中心和村级综合电商服务站全面建成后，全面提高农村快递寄递的服务便捷性并扩大其覆盖面。快递行业数据显示，以乡镇件 280 万件、农村地区到乡镇中心人均 5 元 / 件的取件成本来算，通过"共配"每年可至少为全县农民节约 1400 万元的取件成本，更为农民节省了时间成本。

三是农产品销售渠道拓展延伸。为建制村合作社提供个性化寄递服务，邮车直达田间地头，可为农民切实解决销售难、物流难的问题。譬如，濂竹乡横坑村、刘坑村通过线下专线为农户售出玉米和萝卜等滞销农产品2万余斤，使无人问津的农产品变成"香饽饽"。

（十六）浙江慈溪："共享冷库"多跨场景应用

1. 案例概况

慈溪是浙江果蔬大县，年产果蔬120万吨，原有冷库只满足实际需求的15%左右，冷链设施总量"不足"；存量冷链设施与骨干物流网络缺乏有效衔接，设施分布结构性失衡；60%的产地冷库存在季节性空置，资源综合利用率不高。同时农户盼望能建更多冷库，盼望提高冷库利用率，盼望能及时获取行业信息，盼望好产品能卖出好价钱。恰逢中央"一号文件"提出聚焦产业促进乡村发展，"要推动冷链物流服务网络向农村延伸，整县推进农产品产地仓储保鲜冷链物流设施建设"。慈溪市深入贯彻中央和省委决策部署，以国家农产品产地冷藏保鲜整县推进试点为契机，按照省数字化改革要求，聚焦共建共享，推出"共享冰爽爽"数字化应用，实现产地冷库业务全穿透、主体全上线、地图全覆盖、风险全管控、服务全集成，有效打通农产品流通"最先一公里"。

2. 主要做法

"共享冰爽爽"紧紧围绕"好用易用、服务群众"目标，从政府牵引和主体参与"两端发力"，立足冷链设施"小切口"，拓展延伸共享服务"大应用"，有效打通农产品"最先一公里"。

一是创新多元组织模式，推进冷链物流体系规模化、集约化、网络化发展。构建"我享冷库"场景，通过冷库设施上云入库、一图共享，盘活冷库资源，提高冷链设施利用率，实现有机组网。

二是创新智慧产销模式，提高农户科学生产、智能管理、专业营销水平。构建"我享交易"场景，自动采集产销数据，精准推送市场信息，帮助农户优化产业结构、科学生产经营。

三是创新高效运维模式，实现设施动态监测、精准除险、便捷维护。构建"我享预警"场景，发挥协会组织作用，为农户提供全方位设施运行监测和运维服务，减少风险损失。

四是创新优品评价模式，为农产品提供品质认证、品牌赋能，提升其价值。构建"我享检测"场景，检测数据实时上传，农户能够客观判定农产品成熟度和采摘期，自动生成合格证码，实现优质优价、信用背书。

五是创新政策服务模式，打造政策享受、服务查询、信息交流功能。构建"我享政策"场景，提供多部门惠农政策信息和农事服务查询，搭建互动交流桥梁，提升政策精准性和服务高效性。

3. 发展成效

一是行业痛点、堵点、难点问题有突破。"共享冰爽爽"推出以来，全市共上线冷库200个，实现全市50立方米以上冷库全覆盖，上线容积65万立方米，据监测，共享冷库使用率平均提升15%。2021年"烟花"台风期间，慈溪农户利用"共享冰爽爽"应用，一键查找周边闲置冷库，将灾前抢收的3000余吨果蔬及时储存到共享冷库中，提高了农业抗风险能力。通过错峰销售，共享果蔬价格平均上升50%，农户戏称"种植一年不如冷藏十天"，西蓝花价格在半个月内翻两番，增收致富效果十分明显。

二是群众高频核心需求有回应。共建共享让冷库受益面扩展到2万多户。农户准确把握市场行情，通过错峰、跨季销售，让果蔬售价上涨50%以上。闲置冷库资源有效激活，库主赚租金，租户涨收益，户均增收超5000元。优质农产品产销不愁，通过统一标准、统一包装、统一证码和冷链直配，销往全国各地。

三是在一地创新、共享推广上有进展。"共享冰爽爽"（见图7-11）已纳入省农业农村厅"浙农优品""产销一体化"应用，覆盖全省1537个产地冷库，慈溪市人民政府制定出台《农产品仓储保鲜冷链设施建设参考技术规程》等文件、规程，相关做法登上农业农村部《市场与信息化》农产品仓储保鲜冷链物流设施建设工程专刊第24期和省《数字化改革》，获得CCTV新闻频道、CCTV4等国家级媒体报道30多次。获时任省委书记袁家军肯定批示，在全省数字政府第20次例会上作推广并受省政府秘书长肯定；相关负责人后又在全国农产品产地冷藏保鲜整县推进现场会作典型发言。

图7-11 "共享冰爽爽"界面

（十七）浙江新昌：院企产教融合培养数字化人才

1. 案例概况

新昌技师学院和京东集团共同建设京东电商学院，以京东企业工作环境为依据建设京东产教融合实训基地。通过"教学、实训、实战、实体"四位一体人才培养模式，全面提高人才的培养质量，助力人才高端就业创业。京东电商学院依托京东集团优势资源，借力新昌县特色产业发展优势，坚持科技赋能，通过第一、第二、第三产业深度融合，产教融合，校企合作，优化人才培养模式，助力全县产业发展。

2. 主要做法

一是产教融合示范基地建设。与京东集团建立校企合作关系以来，双方共同建设"新昌技师学院京东产教融合示范基地"作为该校京东电商学院的运营实训基地，并引入京东电商技术课程与京东 1:1 仿真前后台系统、京东双师培训、京东智能课堂平台、京东实训实战项目、京东岗位就业、京东创业项目孵化等内容。

二是搭建电子商务专业课程体系。开发专业核心课程标准、教学进度安排、教学活动设计，助推电子商务、现代物流、网络营销、国际商务专业内涵建设，并利用京东提供智能课堂平台嵌入的京东真实后台系统，让学生边学习边操作，实现智能化教学，实现真正意义的工学结合一体化教学。同时对接京东客服实战项目，将最真实的业务流程展现给学生，在实践中提升学生与人沟通的能力、处理困难的抗压能力以及高度的战略整合能力，多方面训练了学生综合能力，给学生提供更多的就业选择机会。具体项目包含电商专业建设、京东电商客服产业服务中心建设、京东创新创业孵化中心建设、京东新媒体网红孵化中心建设等，让学生体验电商全流程操作，同时为在校学生提供创业咨询平台支持及项目孵化支撑。京东电商学院开展的各类教育教学实践项目基于数字支撑，推进集生产、加工、销售终端于一体的全产业组织体系的构建，解决本地电商企业用工短缺的问题，推动新昌电子商务人才队伍的建设，推进全县电子商务产业发展，实现全产业链条升级改造，助力地方经济持续发展。

三是加强校企合作推动产业升级。95% 以上的京东电商学院毕业生愿意留在本地，为本地企业服务，一方面学生可利用其通过在校培养的实操能力直接为本地企业提供以客服、美工、运营、新媒体为主的电商服务；另一方面通过在技师学院建立电商客服产业园，为企业提供客服呼叫专业服务，形成规模优势、行业优势，极大地增强客服在企业中的影响力和作用，并大大减轻企业对客服高成本的负担。京东校企合作项目在实践中不断探索，先后与近 500 家院校合作，积累了丰富的校企合作经验。依托该项目，运用数字技术将数据资源引入乡村产业发展，提升供需两端的结构匹配度，实现产业链前后各类主体的有效衔接，并能够推动产业结构的纵向化、多样化发展，打造一条具有地方特色的新型产业链，实现本地特色主导产业的产业链延伸，带动全县上下游产业联动，成功实现本地产业结构优化和转型升级。

3. 发展成效

一是培育电商人才，推动产业发展。面向新昌县电商企业的人才需求，京东电商学院引进企业的培训模式，采用京东真实的实战教学平台，通过线上和线下的教学和学习方式开展实战式培训，实现校内教学与企业用人的零对接，加快建设该校电子商务专业群，提高办学水平和人才培养质量，形成"产教融合、校企合作、工学结合、知行合一"的办学模式，致力于发展地方经济，解决本地电商企业"用工难、招工难"的问题，进一步提升了新昌电子商务人才队伍整体素质，推进全县电子商务提质增效。

二是产教融合，优化人才培养模式。当前企业对运营、客服、美工等电商传统核心岗位的需求仍旧强劲，京东电商学院采取校企合作的手段，与京东集团合作，通过"教学、实训、实战、实体"四位一体人才培养模式，培养具备一定的互联网创新创业素质，具有电子商务运营、专业管理和技术服务能力的复合型、应用型、创新型专业人才。

三是校企合作，深化协作育人模式。校企合作，可解决电子商务专业一体化课程改革中存在的困难，实现对内实训教学和对外技术服务、社会培训的有机结合，对深化校企合作，紧贴岗位实际工作，实现校企协同育人，推动技术革新有很大的促进作用。

四是工学结合，助力全县产业发展。针对本地企业的实际需求，在教育教学的过程中引进企业的培训模式，采用企业真实的实战教学平台，实现校内教学与企业用人的零对接，为本地企业提供以客服、美工、运营、新媒体为主的电商服务；同时通过电商客服产业园，为企业提供客服呼叫专业服务，服务当地产业持续发展。

（十八）浙江桐庐：探索"5G＋VR"新型教学模式

1. 案例概况

农村教育发展水平远落后于城市，如何改善农村地区的教学条件和教育环境是缩小城乡教育鸿沟的重点。2020年12月7日，浙江桐庐县推出"桐庐县全国教育＋VR先行示范区建设"线上发布会，"5G＋VR"教育让当地的学生和老师体验到了数字乡村给学习及校园生活带来的巨大改变。

2. 主要做法

一是政府部门积极推进试点建设。建设"5G ＋ VR"新型教学空间项目是桐庐积极落实 2020 年"打造数字教育先行示范区"，主动适应信息化社会发展和教育"智能化"发展趋势，以教育信息化推进桐庐教育现代化、优质化的一项重点工作。2020 年 7 月，莪山畲族乡举行"全国少数民族 5G 示范应用第一乡"建设暨数字乡村试点启动仪式。12 月 7 日，桐庐县又推出"桐庐县全国教育＋ VR 先行示范区建设"线上发布会。前期在莪山畲族乡试点工作基础上，桐庐县在拓面和全覆盖上下功夫，全面推进"VR 教学"，让更多的人了解并参与到数字教育的队伍中。

二是多方合作发挥数字技术支撑作用。利用 5G 大带宽、低时延的特点，加上 VR 技术，实现教学内容图像展示同步语音解说，不同于以往平面课件展示的教材内容，这种新颖的模式让抽象复杂的内容可视化、形象化，给人以身临其境的感觉，体验沉浸式教学让孩子们兴趣盎然。2021 年，桐庐县教育局联合移动公司，为全县 38 所中小学各建设一个"5G ＋ VR"新型教学空间，实现初中、小学 5G 教学全覆盖（见图 7-12）。

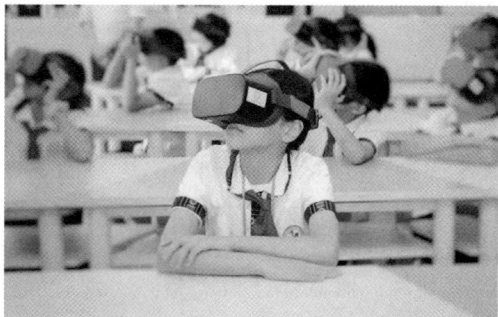

图 7-12　学生在 VR 教室上课

3. 发展成效

一是数字赋能提升教学质量。通过"5G + VR"，教师们有了新的教学手段，能有效地营造一个新的教学环境，创设虚拟的情境，激发学生学习的兴趣，教师能够更形象生动地表达自己的教学思想与内容，改变过去平面课件呈现教材内容的方式，以身临其境的沉浸式体验形式呈现，使学生更直观、更容易理解学习思想与学习内容，提升学习的质量与效率。

二是数字赋能破解教学难点。在解决一些教学重点和难点方面，VR教学无疑是最好的选择。教师在讲解知识要点时，运用 VR 技术，再现知识产生的客观现实，引导学生充分利用自己的视觉、听觉等感官接受信息，激发学习兴趣，从而更好地理解重点，突破难点。

三是数字赋能城乡教育公平。建设数字乡村，做好乡村的数字教育，能更好地缩短空间距离，实现教育平衡。以杭州唯一的少数民族乡莪山为例，其四面环山，地理位置相对偏远，孩子多为留守儿童。通过"5G + VR"教学，如今孩子们能够足不出户，坐在 5G 数字教育课堂里，跟着大城市名校名师上课，享受数字教育。

（十九）浙江衢州：政企合作打造县域医共体新模式

1. 案例概况

当前，医疗体系存在"看病难、看病烦、看病贵""大医院人满为患、小医院门可罗雀"等问题。2019 年《衢州市人民政府工作报告》提出，要更好地保障和改善民生，不断增强群众获得感、幸福感、安全感，要补齐社会民生短板，以医共体、医联体建设为重点，深化医药卫生体制改革，健全公共卫生服务体系。浙江省衢州市在县域医共体建设上进行探索，成效明显，"小病进社区、大病进医院、康复回社区"的格局逐渐形成（见图 7-13）。

图 7-13　衢州县域医共体建设媒体报道

2. 主要做法

一是打造"衢州钉钉未来医院协同服务平台"。该平台是 2019 年衢州市卫健委与钉钉签订《衢州钉钉未来医院框架合作协议》后的最新成果，旨在构建衢州钉钉未来医院"12345"框架体系，即：一个目标（深化"最多跑一次"改革，推进卫生健康数字化转型）、二大主体（管理人员和医务人员，居民）、三层推进（市级医院、县域医共体、基层家庭医生）、四化建设（医管协同一体化、医医协同一体化、医防协同一体化、医患协同一体化）、五大在线（组织在线、沟通在线、协同在线、业务在线、生态在线）。

二是迭代创新医共体发展新模式。在医共体建设方面，衢州市县域内的医共体逐步向医疗集团模式发展，实现人财物管理一体化，建立整合型医疗体系。以县级医院——医共体主体医院为牵头单位，分别与基层医疗机构签订结对协议，整合城乡医疗机构，组建县域医共体，实现医共体跨机构统一人财物事管理、统一行政管理、统一同质化管理。

3. 发展成效

组建医疗共同体，整合县域内优质医疗资源，强力提升基层服务能力，是为了有效满足广大群众日益增长的健康需求，让衢州的百姓能够在家门口享受最优质的医疗保障。实行岗位统配、资源统调、绩效统分，让医共体内医务人员动起来，医疗水平高起来，基层就诊多起来，群众满意提起来。群众看病就医出现三个方面变化。

一是就医更方便。成立医共体后，区乡医疗机构实行一体化经营，医共体内医务人员统筹使用。区内名医专家下沉到基层医疗机构上班，开展"传帮带"，基层医务人员到区级医院轮岗进修，让群众在家门口就能看得上病、看得好病。

二是看病更省钱。医共体内医保支付实行"总额预算、结余留用、超支分担"的机制，倒逼医共体主动加强合理检查、合理用药，节省群众看病就医的直接成本。群众在家门口就近看病，也节省交通、住宿等费用。

三是服务更全面。疾病防治、妇幼保健等专业公共卫生机构主动融入医共体建设，强化医防协同工作；规范家庭医生签约服务，让家庭医生成为群众健康"守门人"；同时建立基层首诊、双向转诊、急慢分治和上下联动的分级诊疗制度，让群众获得更全面的健康服务。

（二十）浙江永康：打造农村智慧家庭养老体系

1. 案例概况

"十四五"期间，国家将健全基本养老服务体系，大力推广家庭养老床位及居家养老服务。相较城市而言，点多面广的农村老年人居家养老需求更大。截至 2021 年底，永康市 60 周岁以上老年人口高达 12.6 万人，占全市总人口数量 20.3%，其中，农村老人 8.5 万人，占 67.5%，人口老龄化城乡倒置现象日趋凸显。为此，永康市借助数字化改革手段，率先在农村养老微观层面破题，探索最小单元里"一老一小"问题的养老最优系统性解决方案，积极开展农村居家康养照护床位应用场景建设。

2. 主要做法

一是"一张床"数字革命。家庭养老床位就是对老人的生活空间实施必要的适老化、智能化家居改造，在家中设置具备机构化服务功能的床位，同时提供与床位相配套的长期照顾服务。永康市家庭养老床位已建立起监护人、养老护理员、医护人员、网格员、志愿者等五方联动体系，可根据居家养老对象的不同需求指令，实现"居家康养床""机构养老床""医养护理床""安宁疗护床"的智能转换，集呼叫、应答、派发、接单、服务、评价于一体，提供生活照料、健康护理、上门诊疗、转移救治等服务，把老人从家转到医院最多用 90 分钟。

二是平台互通实现智慧康养到家。通过对接省民政厅数据共享交换平台、"浙里养"、永康城市大脑、第三方物联平台等大数据平台，永康市家庭养老床位实现全部数据线上跑。床位从建床申请、评估到开展服务只需要 10 个工作日。根据老人需求紧急程度，服务划分为一般类、重要类和紧急类，所有事项 10 秒应答，紧急事项 1 分钟派单，30 分钟全城可达，重要事项 12 小时办结，各类服务均能在 24 小时内完成。

3. 发展成效

一是改造"一张床"，获益一群人。随着农村空巢化加速、失能失智老人递增，生活环境不适老、医养机构不融合、照护体系不完善，都阻碍了农村养老事业的健康发展。入住养老机构，目前农村老年人在观念上尚不能完全接受，且家庭经济上也存在一定的压力，金华永康市以"一张床"为切口破解这一基层治理难题，旨在展开通过数字红利实现城乡老人养老待遇"一体化"的积极尝试。该场景在永康 8 个乡镇街道 130 户农村家庭试运行 10 个月，累计上门服务 2600 余次，处置预警事件 103 起，防范化解火灾、意外跌倒等险情 23 次。

二是数字赋能健康养老，推动城乡共享数字红利。为了推动照护体系的城乡无差别共享、助力现代社区铺好养老"压舱石"，永康纵向贯通省"浙里养""浙里救"系统 31 万条数据，横向联通公安、社保、医保、卫健、残联、住建、市场监管等 7 部门及养老服务机构共 186 万条数据，为 8.56 万余名农村老人精准画像。用户可通过"浙里办"申请在线建床，经多方联审，各类养老资源直送床头。目前，"一张床"访问量达 56 万人次，群众满意度 98% 以上。未来该场景将逐步市场化，计划到 2023 年建成适老化床位 400 张以上，实现全市覆盖。

三、浙江数字乡村建设的发展方向

虽然浙江数字乡村建设取得了良好进展，总体发展水平处于全国前列，但依然存在一些问题和不足，与全面建成高质量数字乡村的目标之间还有明显差距，浙江数字乡村建设任重而道远。

（一）浙江数字乡村建设存在的问题和不足

1. 发展质量不够高标

虽然浙江数字乡村建设取得了良好进展，但尚未形成辨识度高、系统性强的理论成果、实践成果和制度成果，不足为全国乃至其他发展中国家的数字乡村建设提供具有较大影响力的整体方案。与发达国家相比，浙江数字乡村发展水平仍落后较多，与"重要窗口"建设要求不够匹配。城乡数字差距、农业生产数字化的行业差距、数字乡村发展的区域差距和农民内部差距均较大，与高质量发展建设共同富裕示范区不相契合。

2. 标准规范尚未统一

数字乡村建设的核心业务事件组标准规范尚未十分完善，各县市的理解不一致、推进不同步，尤其是数据采集规则不统一，数据采集质量不高，数据利用率低、共享性差、互通度弱。反垄断、大数据管理、数字平台管理、未来乡村社区分级创建等方面的标准尚未成形。党政机关整体智治、数字政府、数字经济、数字法治、数字社会五大系统领域边界有待进一步明晰，综合应用建设内容存在互相交织、重叠现象。

3. 基层力量相对薄弱

基层推进农业农村数字化改革的人力、物力和财力有限，只能集中仅有的力量打造数字化项目的"盆景"，未能有机组成"风景"。各单位数字化专业人才十分缺乏，很难对业务与技术的衔接给出专业性指导意见。基层干部需要负责数据采集、录入、查询和场景使用等线上工作，大大增加了工作量，工作负担重。农村居民认知度和参与积极性不高，信息素养较低，对防范网络诈骗、隐私侵犯、数据泄露等方面还不够重视。

4. 应用场景缺乏纵深性

各地落实"小切口"应用多，对"大场景"的谋划少，场景应用深度不足，实效不够，甚至存在一定程度的数字形式主义现象。例如"数字乡村一张图"目前更多的是"看"，交互性"用"的功能少，辅助决策分析功能不够强；再如涉农信息服务以在线查询为主，农情监测与市场信息规律分析服务能力不足。乡村教育、医疗、文化、养老等领域的场景缺乏，且推进场景应用迭代的力度和速度均有待提高。

5. 投入不足与资源浪费并存

投入不足主要表现在资金、技术、数据、人才等要素的投入力度不足。乡村地区的新型基础设施建设相对滞后，农村居民互联网使用率还不够高，数字素养总体偏低；农业数字技术支撑不足，缺乏经济实用的农业生产智能化设施设备和技术；农业有效数据资源不足，数据资源分散、不够精准，难以利用数据进行趋势性决策分析；乡村数字化复合型人才不足，大部分主体文化程度不高，难以应用数字化技术。资源浪费主要表现在部分地区的平台、软件和数字化设备存在重复建设现象，以及盲目跟风模仿建设一些没有实际用处的数字化项目。

6. 样板试点工作误区较多

各地积极开展数字乡村试点工作，但样板点在示范探索过程中存在一些误区：一是重设备轻服务，在数字乡村试点的建设过程中，一些地方将工作重心和经费预算主要放在采购大批的数字硬件设备上，却没有将相应的服务配套到位，缺乏提供优质高效的应用的场景和服务，也没有建立清晰有效的运营和维护机制，无法形成真正的价值闭环，导致运营效率低下，不具有可持续性；二是重形象轻应用，一些地方把数字乡村搞成了政绩工程、形象工程，将形式主义作风从线下延伸到了线上，产生了数字形式主义现象，很多应用看得多、用得少，很多只有外壳没有真实应用，给乡村振兴带来的实际价值也很低；三是重短期轻长远，很多地方只看眼前问题，缺乏对数据采集、生产模型构建等基础工作的投入，不注重培养数字人才和提高村民数字素养，不能形成乡村数字化建设发展生态；四是公共资源分配不合理，原有基础好的地区和村庄更有可能成为"示范区""样板村"，那些发展起点低、缺乏资金配套能力的地区和普通村庄往往难以从竞标中胜出，无法获得公共资源支持，这无疑助长和恶化了区域之间、村庄之间和群体之间的数字鸿沟问题；五是过度依赖运营服务商，一些地方的基层干部对数字乡村认知不足，缺乏必要的数字化知识、素养和技能，导致他们在数字乡村的建设过程中过度依赖运营服务商，照搬照抄运营服务商提供的方案，缺乏论证意识和批判精神，导致数字乡村试点建设出现千篇一律的情况。

7. 多元主体协同机制缺失

当前数字乡村项目建设还存在过多依赖政府投入的现象，尤其是资金投入方面，对社会资本的吸引和撬动不足，多元化的协同参与、运营机制还未有效普及，建设力量相对薄弱。下乡开展数字服务且具备较强实力的企业和人才不多，基层部门数字化专门人员配备不充足，各部门的协调机制有待建立和理顺。社会或经济收益好的数字乡村新业态、新模式还需要深入探索和挖掘，农村居民的参与度与获得感还需要进一步提高。

（二）浙江数字乡村建设提升路径和建议

未来浙江数字乡村建设要始终坚持顶层设计与基层创新相结合的方法

论，用正确的理念引导实践的开展，避免不良倾向和工作误区，并根据实践的变化不断进行政策优化。

1. 加强顶层设计与机制建设

一是加强凸显浙江特色的顶层设计。对标"重要窗口"和共同富裕示范区建设要求，设计数字乡村建设浙江模式的总体框架，在全省面上配套实施推进具有浙江辨识度的标志性重大平台、重大工程、重大项目和重大改革。

二是加强地方发展定力与进度规划。重视提高各县市工作人员对数字乡村建设的感知和共识，统一思想，强化发展定力；鼓励各县市出台数字乡村发展规划，明确具体任务和时间节点。

三是建成高效统一的标准体系。形成引领全国的数字乡村建设标准体系，需要在"广覆盖"和"纵深化"下功夫。一方面要全面建成系统集成、实用高效的标准体系，标准能够在数字化改革领域得到广泛实施，并能将一些重要标准上升为行业标准、国家标准或国际标准；另一方面标准体系不仅要包含相关通用规则，还要尽可能将标准体系建设所需的基础设施、核心技术、数据资源、评价机制、完善机制等进行细致说明。

四是完善考核评价机制。完善考核评价机制，既要有增加值、增幅等结果性量化指标，又要注重过程评价和价值考量。加大对基层人员的激励力度，激发其工作热情。加强源头管控，强化过程监管，做好规范和引导工作。将县域数字农业农村发展水平纳入乡村振兴指标体系，尽可能主要从应用情况而非建设情况的角度，开展县域数字农业农村发展的绩效评估和监督考核。

五是建立基层反馈和民众参与机制。制定文件、研究部署工作，要广泛听取基层人员的意见和建议，持续跟进和完善相关方案。建立激发农村居民广泛参与的机制，及时反馈民众的需求和意见。

2. 加强设施升级与战略衔接

一是加快乡村信息基础设施建设。加大人力、物力、财力投入，设立数字"三农"专项资金，谋划实施一批乡村信息基础设施升级换代项目，推进农业大数据平台、数字农业园区、数字农业工厂、电商直播基地、跨境电商园区、物流快递园区等硬件载体建设。

二是加强与"最多跑一次"改革的衔接。以数字化深化行政审批制度改革，深化乡村网上服务平台建设，形成网上服务与实体大厅联动的新型政务服务模式，通过网格化管理、智慧化服务，责任联动到网，管理服务到格，把新时期"枫桥经验"提升到一个全新水平。

三是加强与"两进两回"行动的衔接。创新政府购买服务方式，促进"两进两回"与资源集聚，实施农业农村数字技术人才培育提升工程，广泛吸引数字技术人才下乡创业创新。

四是加强与"山海协作"工程的衔接。充分发挥"山海协作"工程的机制优势，将数字乡村建设工作纳入"山海协作"工程的考核评价体系，鼓励结对地市间开展数字乡村建设的广泛交流、深度合作、互联互通。

五是加强与新型工业化战略的衔接。十多年来，浙江省在推进新型工业化上取得了显著成就，但是相比于新型工业化，浙江省数字农业发展水平较低，总体上还处于起步阶段。浙江省高质量发展建设共同富裕示范区，必然要重视工农数字鸿沟问题，需要转变数字化发展思维，处理好数字时代的工农关系，推进新型工业化与数字农业协同发展，采取加大数字农业补贴力度等措施促进新型工业化反哺数字农业。

六是加强与智慧城市建设的衔接。与智慧城市建设相比，浙江省数字乡村建设起步晚、推进慢、水平低、难度大、挑战多。要探索构建"市—县—镇—村"联动与共享机制，让城市地区的信息化资源真正下沉到乡村地区，使智慧城市建设的前期成果和经验能够延伸和扩散到乡村地区，实现智慧城市建设与数字乡村建设有机衔接并最终融为一体。

3. 加强场景开发与功能迭代

一是加快关键场景营造和迭代升级。加快构建与产业、项目、治理、服务等内容相结合的多跨应用场景，持续迭代更新应用场景。针对乡村教育、医疗、文化、养老等领域更高层次、更多样化的需求场景，加快线上线下资源融合，推动优质教育、医疗、文化、养老等领域服务资源向乡村渗透，不断丰富以人为核心的数字乡村场景。

二是加强涉农数据资源的分析利用。搭建全省统一的农业农村数据库和数据管理平台，完善农产品质量安全溯源数字化应用，构建农业农村数据共享机制，强化对农业农村数据的采集、核对、更新、整合、挖掘、分析和利用，建成数据赋能农业经营主体的各类应用场景。

三是建立场景升级的民众反馈机制。强化场景开发的实战实效，及时反馈民众的需求和意见，从用户体验角度不断优化服务流程和应用场景设计，实现场景的功能迭代。

四是强化优秀场景应用经验的总结推广。建立优秀场景应用实时上报通道和动态监测机制，加强场景应用理论研究，提炼总结优秀场景应用经验，构建全省案例库并加大宣传推广力度。

4. 加强基层探索与社会参与

一是扩大基层试点与创新示范。在数字乡村建设与智慧城市建设之间分配公共资源时，应优先向数字乡村建设倾斜。加强数字乡村建设的基层探索，进一步扩大试点规模，打造高质量的示范样板，推广成功经验，以点带面、整体推进数字乡村发展。

二是提高公共资源分配的普惠性。乡村地区内部公共资源的分配应遵循向重点帮扶地区倾斜、向落后村庄倾斜、向弱势群体倾斜的原则，不仅要推动数字硬件设施在偏远地区的建设，还应当给予农民、老人、中小企业等数字化程度较低的人群和企业定向财政扶持。

三是采用分类竞争原则确定试点村并注重可推广性。应充分尊重乡村地区内部显著的村庄差异性，在对村庄进行合理分类的基础上，通过不同类型村庄分别进行竞争来确定试点村名单，要让原本基础一般的普通村庄也有机会参与数字乡村试点的实践与探索。鼓励样板村的打造，不要贪大求全，而是合理选择符合自身比较优势的特色数字化发展路径，防止千篇一律，要突出重点，集中力量，形成可复制的好经验和好成果。对于取得重要突破的优秀试点村，给予物质奖励和精神嘉奖。

四是提高基层干部和农民数字素养。统筹制定提升干部群众数字素养的政策文件，实施乡村数字素养提升工程，建立基层干部和农村居民的数字素养统计监测和考评机制。加强数字化知识宣传，营造数字化双创氛围。加强基层干部数字素养培训，提高干部队伍的数字认识、数字思维和数字定力。设计多元化农民数字素养提升模式，能够同时契合青年人、中年人、老年人和残疾人等群体的特征差异、区域差异以及通用性数字素养和专业性数字技能的类别差异。探索构建实效显著的培训体系，形成包括培训课程、培训教材、培训方式等在内的一套成熟系统，形成可借鉴的培训经验，打造一批具有影响力的培训基地和培训品牌，为各地提升干部群众数字素养提供优质的培训资源。

五是引导全社会力量广泛参与。积极组建省级、市级和县级层面的数字乡村服务联盟，实施数字企业下乡服务行动计划，引导一批数字企业投身数字乡村建设，形成多种合力、集中投入的局面。建立专家决策咨询制度，组织高校、企业、科研机构等智库加强理论研究、算法研究、建模研究、场景应用研究、调查研究、评价指标体系研究、案例研究等，形成高质量的决策咨询成果。利用数字技术搭建数字乡村公益平台，大力发展数字公益，让乡贤、志愿者、实习生、乡村发展基金会、民间团体、行业协会等公益力量参与到数字乡村建设中来。

CHAPTER 8

| 第八章 |

总结与展望

DIGITAL COUNTRYSIDE CONSTRUCTION: THEORY AND PRACTICE

———

数字乡村建设是农业农村信息化的新阶段。数字乡村的建设内容多，涉及主体广，协同潜力大。目前中国数字乡村建设处于起步阶段，总体发展水平亟待提升。《2021 全国县域农业农村信息化发展水平评价报告》显示，2020 年全国县域农业农村信息化发展总体水平为 37.9%。数字乡村建设任重而道远，建设周期较长，从《数字乡村发展战略纲要》的战略目标看，数字乡村建设阶段要持续到 21 世纪中叶，届时将全面建成数字乡村，助力乡村全面振兴。学界对于数字乡村建设的理论研究滞后于实践发展和政策需求，亟待加强。本书围绕数字乡村建设的基本理论与浙江实践开展了一些初步的思考、调查和梳理，仅仅是抛砖引玉，推动数字乡村建设的理论建构还需要更多学者的共同努力。

一、本书主要结论

第一，中国数字乡村发展战略是在立足"三农"、对标城市、审视全国、放眼世界、承前启后、继往开来的基础上提出的，具有深远的现实意义。数字乡村建设是通过加强整体规划与配套，推进现代信息技术在农业农村经济社会发展中的综合应用，提高农村居民现代信息素养与技能，以增强乡村内生发展动力的农业农村现代化发展进程。在内容上数字乡村建设包括乡村数字基础设施建设、乡村数据资源开发与管理、乡村数字服务产业化、乡村产业数字化、乡村治理数字化五大维度。以协同理论、信息可视化理论和内源式发展理论为代表的经典理论对把握数字乡村建设过程中的重点难点有着重要的指导意义。中国数字乡村建设应坚持顶层设计、试点探索与基层创新相结合的方法论，注重试点的多层次性、顶层设计与试点探索之间的双向反馈，以及加强对试点实践的理论总结与经验辨识，逐步探索形成全国层面的统一化框架和标准体系。

第二，中国农业农村现代化发展存在巨大的数字赋能空间，数字技术将成为实现乡村振兴的有效引擎和持续动力。数字赋能助推乡村振兴，即通过推动乡村产业、生态、文化、治理、服务等方面的数字化转型，促进实现乡村产业兴旺、生态宜居、乡风文明、治理有效、生活富裕。然而，目前我国在数字赋能助推乡村振兴的实践进展上，面临基础设施薄弱、应用水平较低、专业人才匮乏、政策供给不足等问题，今后需要进一步加强农村信息化设施建设、提高农民信息素养与技能、推动数字化专业人才下乡、加大政策出台与配套力度，从而更加充分地释放数字技术的赋能作用。

第三，农业农村电子商务是数字乡村建设的重要组成部分。在某种程度上，农业农村电子商务甚至可以说是数字乡村建设的关键部分，即以农业农村电子商务为"先头部队"，进而带动乡村其他领域的数字化发展。直播电商集网络直播与电子商务的优势于一体，发展十分迅猛，正在日益成为农产品上行的重要途径。相较于传统线下模式，直播电商通过营造高赋能的网络服务场景推动了农产品上行的价值重构，具体表现在直播电商模式使得农产品上行从长链价值传递转变为短链价值传递，从单一价值输出转变为多元价值输出，从单向价值独创转变为多方价值共创。为充分释放直播电商对农产品上行的价值重构红利，政府应重点围绕夯实农产品供应链基础、提升农民直播专业技能、加强农产品直播电商监管以及鼓励开展农产品直播行业自律等方面进行政策部署。

第四，如何推动小农户发展是数字乡村建设过程中需要特别关注的议题，电子商务是推动小农户与大市场有效连接的重要手段。研究表明，电子商务通过降低信息和交易成本，推动小农户进入全球价值链，帮助小农户更好地进入市场。物流和通信基础设施、对小农户具有包容性的数字商业平台以及新农人是发展农村电子商务的前提条件。农村电子商务发展需要构建一个由网商、政府、服务商或公共服务主体共同组成的、适合小农户发展的电商生态系统。网商是电商发展的主力，负责整体的网络市场运作；政府是电商发展的助力，负责道路、通信等基础设施建设，营造发展氛围，政策引导和统筹协调；服务商则提供代运营、网商孵化、人才培育、资源整合、园区运营等一系列电子商务公共服务。

第五，数据要素在农业农村经济社会发展中的作用越来越强，基于数据要素的数字创业和数字创新活力迸发，是数字乡村建设阶段与此前的农业农村信息化发展阶段的一个重要区别。电子商务平台汇聚各方主体，沉淀交易记录、评论信息、搜寻痕迹等海量数据，对这些大数据的挖掘和分析，能够为网商的线下生产和线上经营提供重要指引。研究发现，在农村电子商务发展较好的地区，已有近三成的电商农户在其网店经营过程中使用了大数据产品；以培训为主要形式的知识转移和以内群体交往为核心的知识溢出对驱动电商农户使用大数据发挥了重要的积极作用；大数据的使用显著提升了电商农户的收入水平，并促进了电商农户内部收入差距的缩小。

第六，发展中国家农村地区信息化进程明显落后于城市地区，造成了城乡数字鸿沟。随着数字技术的持续演进，城乡数字鸿沟也在不断变化。智慧城市建设为城乡数字鸿沟树立了新坐标，即由原来的手机、电脑、互联网、电子商务、数字普惠金融等信息通信技术接入鸿沟和使用鸿沟拓展至基于物联网、云计算、大数据、人工智能、区块链等新一代信息技术的产业鸿沟、改革鸿沟、治理鸿沟和公共服务鸿沟。城乡收入差距是观察城乡数字鸿沟效应的基本视角，研究表明，智慧城市建设显著扩大了城乡收入差距。政府应加快推进数字乡村建设，探索构建"市—县—镇—村"联动机制，使智慧城市建设的前期成果和经验能够扩散到乡村地区，实现智慧城市建设与数字乡村建设协同发展。

第七，浙江数字乡村建设起步早、发展快，多个领域齐头并进，试点工作成绩显著，数字乡村建设的整体水平在全国处于领先地位。浙江重视发挥县级政府的主观能动性，鼓励各县域积极开展数字乡村建设的实践与探索。综合各县域的主要做法，可以看到浙江数字乡村建设的整体思路是积极布局数字技术全面赋能"全产业提质增效、治理与发展并行、优化资源配置、数字营销驱动、产业服务支撑、智能科技升级、数据创新应用"

七大重点领域，实现生产管理、流通营销、产业监管、公共服务等环节的全面数字化，大力推进各地主导产业的数字化改革，并形成了一系列可推广、可借鉴、可复制的发展模式。但是，浙江数字乡村建设依然存在发展质量不够高标、标准规范尚未统一、基层力量相对薄弱、应用场景缺乏纵深、投入不足与资源浪费并存、样板试点工作误区较多、多元主体协同机制缺失等问题和不足。加强顶层设计与机制建设、加强设施升级与战略衔接、加强场景开发与功能迭代以及加强基层探索与社会参与是优化浙江数字乡村建设的重要路径。

二、数字乡村建设研究展望

目前国内学者对数字乡村建设的研究涉及理论、实证和政策三个层面。理论层面的研究主要论述了数字乡村建设的内涵特征、分析框架、作用机理、实践逻辑等方面（沈费伟、袁欢，2020；王胜等，2021；曾亿武等，2021），对什么是数字乡村、为何要建设数字乡村等基本问题给予了学理上的诠释。实证层面的研究主要包含三个角度：一是对数字乡村建设水平进行测度评价（朱红根、陈晖，2023）；二是实证分析数字乡村建设的驱动因素，例如研究农民数字素养对数字乡村建设的影响（苏岚岚等，2021）；三是实证分析数字乡村建设的传导效应，例如研究数字乡村建设对粮食体系韧性的影响（郝爱民、谭家银，2022）。政策层面的研究可归纳成两种范式：一是在比较分析典型发达国家数字乡村发展模式的基础上提出中国数字乡村建设的政策选择（梅燕等，2021）；二是在指出中国数字乡村建设存在现实困境的基础上提出中国数字乡村建设的优化路径（殷浩栋等，

2020）。既有研究推动了数字乡村建设的理论建构，为数字乡村建设实践提供了有益指导和经验证据，也为政府部门的政策制定提供了重要参考。

总的来说，国内关于数字乡村建设的研究尚处于早期阶段，在研究问题、研究视角、研究深度、研究方法等方面预留了很大的空间。具体而言，现有研究存在的不足之处包括但不限于：第一，缺乏与相关学科理论的深入对话。现有文献主要阐述了数字乡村的概念内涵、现实困境、实施策略等基本问题，总体上停留在宽泛的宏观定性论述层面，缺乏对相关学科领域理论的深度应用，因而对数字乡村发展的定性探讨、实践分析和政策设计没有被纳入到逻辑统一的分析框架之中。第二，缺乏从整体性思维出发的量化研究。相关实证文献主要从手机、互联网、电子商务、数字普惠金融等单一数字技术的使用角度开展研究，而数字化已经进入技术加快融合、集成应用的发展阶段，从单一技术应用入手开展研究，已然无法完整研判和正确评估数字乡村建设。第三，缺乏对驱动主体行为能力的关注。数字乡村建设是一个系统性工程，需要多元主体的共同参与，但现有文献尚未专门聚焦于数字乡村建设过程中的驱动主体，缺乏对主体结构以及各主体的行为能力展开深入的理论探讨和实证研究。第四，缺乏对制度建设层面的足够重视。现有文献虽然指出了数字乡村建设中存在的各种问题，却没有深入到制度有效性层面，寻找问题背后的深层次原因，尤其是在长效机制构建方面缺乏足够重视。数字乡村建设具有系统性、复杂性、长期性和动态性等特征，客观上要求建立一套能长期保证制度正常运行并发挥预期功能的制度体系作为支撑。

本书建议数字乡村建设的后续研究可考虑以下几个研究方向。

第一，从包容性理论视角研究数字乡村建设。包容性发展理念被提出以后，在国际上得到了广泛认可。随着学术界的持续关注和研究，包容性发展理论日益发展和体系化，并逐渐被应用到就业、创业、创新、治理、金融、农业农村等具体领域，产生了较大的影响力。包容性发展理念促进人们以更宽广的视野审视发展问题，并且为制定有效的政策提供了更广泛的政策选择。从中国经济社会发展实际出发，践行包容性发展具有深刻的现实背景。尽管中国在农业农村经济增长方面取得了显著的成就，却依然存在许多与包容性发展相悖之处，例如在数字乡村方面，各地普遍存在农民数字参与率低、产业增收领域数字化不足、非必要领域过度数字化、数字形式主义盛行、数字普惠效果不佳等偏差。包容性发展理论为数字乡村建设的整体研判提供了重要的理论框架，使数字乡村建设的实践分析和政策设计能够置于统一的理论视域和逻辑框架之中。从包容性发展视角深化对数字乡村建设的理论认识和实践把握，为加快数字乡村的实践进程提供理论指导，对于纠正数字乡村的实践偏差和工作误区，促进数字乡村建设走在健康轨道上，实现数字乡村可持续发展具有重要意义。

第二，加强数字乡村建设水平测度评价研究。从现有文献和数据可获得性来看，对数字乡村建设水平的测度主要有省级层面和县域层面两个维度。省级层面的测度主要是基于统计数据而建立指标体系，受限于数据可获得性，指标数量较多，对数字乡村建设的刻画并不是很到位，属于比较粗略的测度方式。县级层面的测度主要是北京大学新农村发展研究院联合阿里研究院发布的《县域数字乡村指数》（涉及 2018 年、2019 年和 2020 年的数据），以及农业农村部市场与信息化司会同农业农村部信息中心共同发布的《全国县域数字农业农村发展水平评价报告》（涉及 2019 年和 2020 年数据），前者采用申请制实行对外公开数据，后者不对外公开基础数据。此外，前者主要是基于阿里平台的数据，后者主要是各级政府部门提供的数据，在精确度上均存在一定程度的误差。未来研究应尽可能挖掘更多指标，构建更加完善和全面的指标体系。如果条件允许的话，可通过平台企业、政府部门和高校科研机构三方的合作，构建一套权威的数字乡村建设水平评价指标体系，并将数据公开给全国有关人员使用。研究者还可考虑增加农户微观层面的维度，向农户发放调查问卷，通过问卷数据来测度评价数字乡村建设水平。另外，在研究方法上，对数字乡村建设水平的分析，除了简单的统计描述，还可以采用核密度估计法、Dagum 基尼系数、泰尔指数、自然间断点分级法、莫兰指数、Markov 链转移概率矩阵等方法研究区域差异、空间分布与动态演变。

　　第三，深入考察数字乡村建设的经济社会效应。目前学界关于数字乡村建设的经济社会效应研究成果还不多见，有关数字乡村建设的传导效应及其作用机制尚不完全清楚，有待研究。我国数字乡村建设是否符合了包容性发展理念，具有共同富裕效应？我国数字乡村建设对经济高质量发展产生怎样的影响？我国数字乡村建设对农村创业活跃度、农村就业质量、农村产业结构、农村产业融合、农村集体经济等产生怎样的影响？这些问题都值得深入研究。一方面，理论层面上要在准确把握数字乡村建设内涵的基础上全面剖析数字乡村建设的传导效应机理；另一方面，基于省级面板数据或县域面板数据开展实证研究，尤其是随着时间的不断推移，待条件成熟，学者可基于国家数字乡村试点的准自然实验采用双重差分法开展数字乡村建设经济社会效应的实证检验。工具变量方面，建议可考虑地形起伏度的地理变量以及 20 世纪 80 年代的邮局数量或固定电话数量等历史变量。

　　第四，关注数字乡村建设的协同效应与协同机制。数字乡村建设是农业农村信息化进入全面提升、协同发展的新阶段，目的是通过推进现代信息技术的综合应用，力求实现农业农村全链条、全要素、全过程、全角度、全方位的数字化转型，发挥整体智治的协同效应，系统性赋能农民增收、农业振兴和农村繁荣。因此，协同效应和协同机制是数字乡村建设研究的重要视角。未来研究者可以考虑测算智慧城市建设与数字乡村建设之间的协同度及其经济社会效应，测算数字乡村建设内部的子维度协同度和区域协同度及其经济社会效应，抑或通过案例研究数字乡村建设的协同机制，尤其是主体协同机制，例如，政府部门之间的协同问题、政府与村民之间的协同问题。现有文献对数字乡村建设驱动主体的研究相对薄弱，数字乡村建设是巨大的系统性工程，涉及中央政府、地方政府、村集体组织、农业新型经营主体、普通农户、网络运营商、数字平台企业、数字服务企业、电子产品制造企业、农资生产企业、物流快递企业、旅游开发企业、文创企业、教育机构、科研机构、金融机构、风险投资机构、法律服务机构、新闻传播媒介、行业协会、公益组织等众多主体，厘清各主体的功能定位，以及如何让参与主体合力形成一个县域数字创新生态系统，这是非常值得研究的议题。

　　第五，聚焦农民数字素养的统计监测与培育路径。农民是数字乡村建设的主要力量和受益者。农民数字素养水平是影响数字乡村建设成功与否的重要因素，也是研判一个地区数字乡村建设水平的重要维度。数字素养是新兴数字环境下公民生活、学习和工作所需的生存技能和素养，具体指数字社会的成员在其生产生活中应具备的数字获取、制作、使用、评价、交互、分享、创新、安全保障、伦理道德等一系列素质与能力的集合。农民缺乏数字素养，会阻碍其数字参与和数字红利的获取。中国社会科学院信息化研究中心发布的《乡村振兴战略背景下中国乡村数字素养调查分析报告》显示，城乡居民数字素养差距较大，农民数字素养得分低于其他职业类型群体。未来学者可针对不同类型的农民设计数字素养测度方案，开展问卷调查，评估农民数字素养水平，最好是建立起统计监测的常态化机制。此外，后续研究建议关注城乡居民数字素养鸿沟以及农民内部数字素养鸿沟的形成机制与弥合路径，农民群体规模庞大、内部分化显著，研究提升农民数字素养的典型模式显得十分必要，而现有文献较少涉及，亟待研究。

第六，探索数字乡村建设的长效机制构建。现有文献虽然指出了数字乡村建设中存在的各种问题，却没有深入到制度有效性层面，寻找问题背后的深层次原因，尤其是在长效机制构建方面缺乏足够重视。数字乡村建设具有系统性、复杂性、长期性和动态性等特征，客观上要求建立一套能长期保证制度正常运行并发挥预期功能的制度体系作为支撑。后续研究可以考虑以制度有效性理论和机制设计理论为指导，从兜底保障机制、动力生成机制、普惠培育机制、资源共享机制、主体协同机制、监测反馈机制等方面入手，探索如何建构保障数字乡村又好又快发展的长效机制。

参考文献

[1] Acemoglu D, Autor D. Skills, Tasks and Technologies: Implications for Employment and Earnings[J]. Handbook of labor Economics, 2011, 4: 1043-1171.

[2] Acemoglu D. Why do New Technologies Complement Skill? Directed Technical Change and Wage Inequality[J]. Quarterly Journal of Economics, 2012, 113(4): 1055-1089.

[3] Ajzen I. The Theory of Planned Behavior[J]. Organizational Behavior and Human Decision Processes, 1991, 50(2): 179-211.

[4] Angelidou M. Smart City Policies: A Spatial Approach[J]. Cities, 2014, 41(S1): 3-11.

[5] Anne M. A Constructive Critique of the Endogenous Development Approach in the European Support of Rural Areas[J]. Growth & Change, 2013, 44(1): 1-29.

[6] Atasoy H. The Effects of Broadband Internet Expansion on Labor Market Outcomes[J]. Industrial & Labor Relations Review, 2013, 66 (2): 315-345.

[7] Autor D H. Outsourcing at Will: The Contribution of Unjust Dismissal Doctrine to the Growth of Employment Outsourcing[J]. Journal of Labor Economics, 2003, 21(1): 1-42.

[8] Baker J, Grewal D, Parasuraman A. The Influence of Store Environment on Quality Inferences and Store Image[J]. Journal of the Academy of Marketing Science, 1994, 22(4): 328-339.

[9] Beck T, Levine R, Levkov A. Big Bad Banks? The Winners and Losers from Bank Deregulation in the United States[J]. The Journal of Finance, 2010, 65(5): 1637-1667.

[10] Becker G S. Human Capital: A Theoretical and Empirical Analysis with Special Reference to Education[M]. 2nd ed. New York: Columbia University Press, 1964.

[11] Benstead K, Spacey R, Goulding A. Changing Public Library Service Delivery to Rural Communities in England[J]. New Library World, 2004, 105(11/12): 400-409.

[12] Bitner M J. Servicescape: The Impact of Physical Surroundings on Customers and Employees[J]. Journal of Marketing, 1992, 56(2): 57-71.

[13] Bosworth G, Annibal I, Carroll T, et al. Empowering Local Action through Neo-Endogenous Development: The Case of LEADER in England[J]. Sociologia Ruralis, 2016, 56(3): 427-449.

[14] Bowen R, Morris W. The Digital Divide: Implications for Agribusiness and Entrepreneurship. Lessons from Wales[J]. Journal of Rural Studies, 2019, 2: 75-84.

[15] Cantoni D, Chen Y, Yang D, et al. Curriculum and Ideology[J]. Journal of Political Economy, 2017, 125: 338-392.

[16] Carrer M J, De Souza Filho H M, Batalha M O. Factors Influencing the Adoption of Farm Management Information Systems (FMIS) by Brazilian Citrus Farmer[J]. Computers and Electronics in Agriculture, 2017, 138: 11-19.

[17] Charles D H, Chris J. The Visualization Handbook[M]. New York: Academic Press, 2004.

[18] Chi M, Plaza A, Benediktsson J A, et al. Big Data for Remote Sensing: Challenges and Opportunitie[J]. Proceedings of the IEEE, 2016, 104 (11): 2207-2219.

[19] Cho K M, Tobias D J. Impact Assessment of Direct Marketing of Small- and Mid-sized Producers through Food Industry Electronic Infrastructure[C]. International Conference on World Food System, 2010.

[20] Christoph T, Charles D. The Effect of Ambient Scent on Consumers' Perception, Emotions and Behaviors: A Critical Review[J]. Journal of the Academy of Marketing Science, 2012, 28(1): 14-36.

[21] Clark C, Gorski P. Multicultural Education and the Digital Divide: Focus on Socioeconomic Class Background[J]. Multicultural perspectives, 2002(3): 25-36.

[22] Coble K H, Mishra A K, Ferrell S, et al. Big Data in Agriculture: A Challenge for the Future[J]. Applied Economic Perspectives and Policy, 2018, 40(1): 79-96.

[23] Cooper J, Noon M, Jones C, et al. Big Data in Life Cycle Assessment[J]. Journal of Industrial Ecology, 2013, 17(6): 796-799.

[24] Davis F D. Perceived Usefulness, Perceived Ease of Use, and User Acceptance of Information Technology[J]. MIS Quarterly, 1989, 13(3): 319-340.

[25] Ellemers N, Spear R, Doosje B. Social Identity: Context, Commitment and

Content[M]. Oxford: Blackwell Science, 1999.

[26] Fallah M H, Ibrahim S. Knowledge Spillover and Innovation in Technological Clusters[C]. IAMOT 2004 Conference, Washington D. C, 2004.

[27] Fan Q, Garcia V B S. Information Access and Smallholder Farmers' Market Participation in Peru[J]. Journal of Agricultural Economics, 2018, 69(2): 476-494.

[28] Ferrara L E, Chong A, Duryea S. Soap Operas and Fertility: Evidence from Brazil[J]. American Economic Journal: Applied Economics, 2012, 4: 1-31.

[29] Forman C, Goldfarb A, Greenstein S. How did Location Affect Adoption of the Commercial Internet? Global Village versus Urban Leadership[J]. Journal of Urban Economics, 2005, 58(3): 389-420.

[30] Galloway L, Sanders J, Deakins D. Rural Small Firms' Use of the Internet: From Global to Local[J]. Journal of Rural Studies, 2011, 27(3): 254-262.

[31] Glaeser E L. Learning in Cities[J]. Journal of Urban Economics, 1999, 46(2): 254-277.

[32] Gobbott M, Hogg G. The Role of Non-verbal Communication in Service Encounters: A Conceptual Framework[J]. Journal of Marketing Management, 2001, 17(1): 5-26.

[33] Graham S. Bridging Urban Digital Divides? Urban Polarization and Information and Communication Technologies (ICTs) [J]. Urban Studies, 2002, 39(1): 33-56.

[34] Grossman M. On the Concept of Health Capital and the Demand for

Health[J]. Journal of Political Economy, 1972, 80(2): 223-255.

[35] Guo H, Liu Y, Shi X, et al. The Role of E-commerce in the Urban Food System under COVID-19: Lessons from China[J]. China Agricultural Economic Review, 2021, 13(2): 436-455.

[36] Hainmueller J, Xu Y. Ebalance: A Stata Package for Entropy Balancing[J]. Journal of Statistical Software, 2013, 54(7): 1-18.

[37] Hainmueller J. Entropy Balancing for Causal Effects: A Multivariate Reweighting Method to Produce Balanced Samples in Observational Studies[J]. Political Analysis, 2012, 20 (1): 25-46.

[38] Harris L C, Goode M M H. Online Servicescapes, Trust, and Purchase Intentions[J]. Journal of Services Marketing, 2010, 24(3): 230-243.

[39] Ivus O, Boland M. The Employment and Wage Impact of Broadband Deployment in Canada[J]. Canadian Journal of Economics, 2015, 48(5): 1803-1830.

[40] Jamaluddin N. Adoption of E-commerce Practices among the Indian Farmers, A Survey of Trichy District in the State of Tamilnadu, India[J]. Procedia economics and finance, 2013(7): 140-149.

[41] Ke X, Chen H, Hong Y, et al. Do China's High-speed-rail Projects Promote Local Economy? New Evidence from A Panel Data Approach[J]. China Economic Review, 2017, 44: 203-226.

[42] Kim G H, Trimi S, Chung J H. Big-data Applications in the Government Sector[J]. Communications of the ACM, 2014, 57(3): 78-85.

[43] Klemens M K, Spangenberg E R, Herrmann A, et al. It is All in the Mix:

The Interactive Effect of Music Tempo and Mode on In-store Sales[J]. Marketing Letters, 2012, 23(1): 325-337.

[44] Leong C, Pan S, Newell S, et al. The Emergence of Self-Organizing E-commerce Ecosystems in Remote Villages of China: A Tale of Digital Empowerment for Rural Development[J]. MIS Quarterly, 2016, 40(2): 475-484.

[45] Li L, Zeng Y, Ye Z, et al. E-commerce Development and Urban-rural Income Gap: Evidence from Zhejiang Province, China[J]. Papers in Regional Science, 2021, 100(2): 475-494.

[46] Li P, Lu Y, Wang J. Does Flattening Government Improve Economic Performance? Evidence from China[J]. Journal of Development Economics, 2016, 123: 18-37.

[47] Li X, Guo H, Jin S, et al. Do Farmers Gain Internet Dividends from E-commerce Adoption? Evidence from China[J]. Food Policy, 2021(101): 102024.

[48] Lim D S K, Morse E A, Mitchell R K, et al. Institutional Environment and Entrepreneurial Conditions: A Comparative Business Systems Perspective[J]. Entrepreneurship Theory & Practice, 2010, 34(3): 491-516.

[49] Liu H,He Q. The Effect of Basic Public Service on Urban-rural Income Inequality: A SYS-GMM Approach[J]. Economic Research (Ekonomska Istrazvanja), 2019, 32(1): 3205-3223.

[50] Lokers R, Knapen R, Janssen S, et al. Analysis of Big Data Technologies for Use in Agro-Environmental Science[J]. Environmental Modelling &

Software, 2016, 84: 494-504.

[51] Lowe P, Murdoch J, Marsden T. Regulating the New Rural Space: The Uneven Development of Land[J]. Journal of Rural Studies, 1993, 9(3): 205-222.

[52] Lucas R E. On the Mechanics of Economic Development[J]. Journal of Monetary Economics, 1988, 22 (1): 3-42.

[53] Ma W, Wang X. Internet Use, Sustainable Agricultural Practices and Rural Incomes: Evidence from China[J]. Australian Journal of Agricultural and Resource Economics, 2020(4): 1467-8489.

[54] Ma W, Zhou X, Liu M. What Drives Farmers' Willingness to Adopt E-commerce in Rural China? The Role of Internet Use[J]. Agribusiness: An International Journal, 2020(36): 159-163.

[55] Markelova H, Meinzendick R, Hellin J, et al. Collective Action for Smallholder Market Access[J]. Food policy, 2009(1): 1-7.

[56] Marshall A. Principles of Economics[M]. London: Macmillan Press, 1890.

[57] McGuire M. Collaborative Public Management: Assessing What We Know and How We Know It[J]. Public Administration Review, 2006, 66: 33-34.

[58] Mills B F, Whitacre B E. Understanding the Non-Metropolitan-Metropolitan Digital Divide[J]. Growth & Change, 2003(2): 219-243.

[59] Mincer J. Schooling, Experience and Earnings[M]. New York: Columbia University Press for the National Bureau of Economic Research, 1974.

[60] Mühlinghaus S, Wälty S. Endogenous Development in Swiss Mountain Communities[J]. Mountain Research and Development, 2001, 21(3): 236-242.

[61] Munzner T. Visualization Analysis and Design[M]. Boca Raton: CRC Press, 2014.

[62] Nadvi K. The Cutting Edge: Collective Efficiency and International Competitiveness in Pakistan[J]. Oxford Development Studies, 1999, 27(1): 81-107.

[63] Nam T, Pardo T A. Conceptualizing Smart City with Dimensions of Technology, People, and Institutions[C]. International Digital Government Research Conference: Digital Government Innovation in Challenging Times ACM, 2011.

[64] Oestreicher S G, Sundararajan A. Recommendation Networks and the Long Tail of Electronic Commerce[J]. MIS Quarterly, 2012, 36(1): 65-84.

[65] Owen D, Hogarth T, Green A E. Skills, Transport and Economic Development: Evidence from a Rural Area in England[J]. Journal of Transport Geography, 2012, 21: 80-92.

[66] Pivoto D, Barham B, Waquil P D, et al. Factors Influencing the Adoption of Smart Farming by Brazilian Grain Farmers[J]. International Food and Agribusiness Management Review, 2018, 22(4): 571-588.

[67] Porter M. The Competitiveness Advantage of Nations[M]. New York: Free Press, 1990.

[68] Poulton C, Dorward A, Kydd J. The Future of Small Farms: New Directions Forservices, Institutions, and Intermediation[J]. World Development, 2010(10): 1413-1428.

[69] Prieger J E. The Broadband Digital Divide and the Economic Benefits of

Mobile Broadband for Rural Areas[J]. Telecommunications Policy, 2013, 37(6): 483-502.

[70] Qi J, Zheng X, Cao P, et al. The Effect of E-commerce Agribusiness Clusters on Farmers' Migration Decisions in China[J]. Agribusiness, 2019, 35(1): 20-35.

[71] Ray C. Culture, Intellectual Property and Territorial Rural Development[J]. Sociologia Ruralis, 1998, 38(1): 3-20.

[72] Rodriguez D, De Voil P, Rufino M C, et al. To Mulch or to Munch? Big Modelling of Big Data[J]. Agricultural Systems, 2017, 153: 32-42.

[73] Romer P M. Increasing Returns and Long-run Growth[J]. Journal of Political Economy, 1986, 94(5): 1002-1037.

[74] Rosenbaum M S. The Symbolic Servicescape: Your Kind is Welcomed Here[J]. Journal of Consumer Behavior, 2005, 4(4): 257-267.

[75] Rosenbaum M S, Massiah C. An Expanded Sevricesacpe Perspective[J]. Journal of Service Management, 2011, 22(4): 471-490.

[76] Rumbaugh J, Blaha M, Premerlani W, et al. Object-Oriented Modeling and Design[M]. Englishwood Cliffs, NJ: Prentice Hall, 1991.

[77] Santini F D O, Ladeira W J, Pinto D C. Customer Engagement in Social Media: A Framework and Meta-analysis[J]. Journal of the Academy of Marketing Science, 2020, 48: 1211-1228.

[78] Schmitz H. Collective Efficiency: Growth Path for Small-Scale Industry[J]. The Journal of Development Studies, 1995, 31(4): 529-566.

[79] Schultz T W. Investment in Human Capital[J]. The American Economic

Review, 1961, 51(1): 1-17.

[80] Serfling M. Firing Costs and Capital Structure Decisions[J]. The Journal of Finance, 2016, 71(5): 2239-2286.

[81] Shaver J M. Accounting for Endogeneity When Assessing Strategy Performance: Does Entry Mode Choice Affect FDI Survival? [J] Management Science, 1998, 44(4): 571-585.

[82] Shin H B. Economic Transition and Speculative Urbanisation in China: Gentrification versus Dispossession[J]. Urban Studies, 2016, 53(3): 471-489.

[83] Slee B, Ploeg J, Long A. Theoretical Aspects of the Study of Endogenous Development[J]. Born from Within Practice & Perspectives of Endogenous Rural Development, 1994: 184-194.

[84] Su C, Liu T, Chang H, et al. Is Urbanization Narrowing the Urban-rural Income Gap? A Cross-regional Study of China[J]. Habitat International, 2015, 48: 79-86.

[85] Sundaram D S, Webster C. The Role of Nonverbal Communication in Services Encounters[J]. Journal of Services Marketing, 2000, 14(5): 378-391.

[86] Tajfel H, Turner J C. The Social Identity Theory of Inter-group Behavior[J]. Psychology of Inter-group Relations, 1986, 13(3): 7-24.

[87] Tang W, Zhu J. Informality and Rural Industry: Rethinking the Impacts of E-commerce on Rural Development in China[J]. Journal of Rural Studies, 2020(75): 20-29.

[88] Tombs A G, McColl-Kennedy J R. Social-servicescape Conceptual Mode[J]. Marketing Theory, 2003, 3(4): 37-65.

[89] Toscano P, Castrignanò A, Di Gennaro S F, et al. A Precision Agriculture Approach for Durum Wheat Yield Assessment Using Remote Sensing Data and Yield Mapping[J]. Agronomy, 2019, 437(9): 1-18.

[90] Turland M, Slade P. Farmers' Willingness to Participate in a Big Data Platform[J]. Agribusiness, 2019, 36(1): 20-36.

[91] Turner J C, Sachdev I, Hogg M A. Social Categorization, Interpersonal Attraction and Group Formation[J]. British Journal of Social Psychology, 1983, 22(3): 227-239.

[92] Waga D, Rabah K. Environmental Conditions' Big Data Management and Cloud Computing Analytics for Sustainable Agriculture[J]. World Journal of Computer Application and Technology, 2014, 2(3): 73-81.

[93] Wallsten S. The Competitive Effects of the Sharing Economy: How is Uber Changing Taxis[J]. Technology Policy Institute, 2015.

[94] Wang D, Nicolau J L. Price Determinants of Sharing Economy Based Accommodation Rental: A Study of Listings from 33 Cities on Airbnb.com[J]. International Journal of Hospitality Management, 2017, 62: 120-131.

[95] Wei H, Li H, Guo Y. Trade Structure, Trade Mode and the Urban-rural Income Gap in China[J]. South African Journal of Economic and Management Sciences, 2013, 16(2): 96-114.

[96] Wynveen C J, Kyle G T, Sutton S G. Natural Area Visitors' Place Meaning and Place Attachment Ascribed to a Marine Setting[J]. Journal of Environmental Psychology, 2012, 32(4): 287-296.

[97] Zapata S D, Carpio C E, Isengildina-Massa O, et al. The Economic Impact

of Services Provided by an Electronic Trade Platform: The Case of Market Maker[J]. Journal of Agricultural and Resource Economics, 2013, 38(3): 359-378.

[98] Zeng Y, Jia F, Wan L, et al. E-commerce in Agri-food Sector: A Systematic Literature Review[J]. International Food and Agribusiness Management Review, 2017, 20(4): 439-460.

[99] 敖成兵. Z 世代消费理念的多元特质、现实成因及亚文化意义 [J]. 中国青年研究，2021（6）：100-106.

[100] 常倩，李瑾. 乡村振兴背景下智慧乡村的实践与评价 [J]. 华南农业大学学报（社会科学版），2013（3）：11-21.

[101] 钞小静，沈坤荣. 城乡收入差距、劳动力质量与中国经济增长 [J]. 经济研究，2014（6）：30-43.

[102] 陈明，刘义强. 交互式群治理：互联网时代农村治理模式研究 [J]. 农业经济问题，2019（2）：33-42.

[103] 程名望，张家平. 互联网普及与城乡收入差距：理论与实证 [J]. 中国农村经济，2019（2）：19-41.

[104] 崔凯，冯献. 数字乡村建设视角下乡村数字经济指标体系设计研究 [J]. 农业现代化研究，2020（6）：899-909.

[105] 党国英. 中国乡村社会治理现状与展望 [J]. 华中师范大学学报（人文社会科学版），2017，56（3）：2-7.

[106] 邓喆. 政府官员直播"带货"：政务直播＋助农的创新发展、风险挑战与长效机制 [J]. 中国行政管理，2020（10）：80-85.

[107] 邓睿. 健康权益可及性与农民工城市劳动供给——来自流动人口动态

监测的证据 [J]. 中国农村经济, 2019 (4): 92-110.

[108] 董坤祥, 侯文华, 丁慧平, 等. 创新导向的农村电商集群发展研究——基于遂昌模式和沙集模式的分析 [J]. 农业经济问题, 2016, 37 (10): 60-69, 111.

[109] 范如国. 复杂网络结构范型下的社会治理协同创新 [J]. 中国社会科学, 2014 (4): 98-120, 206.

[110] 费孝通. 乡土中国 生育制度 [M]. 北京: 北京大学出版社, 1998.

[111] 冯献, 李瑾, 崔凯. 乡村治理数字化: 现状、需求与对策研究 [J]. 电子政务, 2020 (6): 73-85.

[112] 高强. 健全现代乡村治理体系的实践探索与路径选择 [J]. 改革, 2019 (12): 26-36.

[113] 郭红东, 曾亿武. 互联网背景下中国农业产业组织体系创新研究——基于农户的视角 [J]. 新疆财经, 2019 (2): 52-62.

[114] 郭红东, 龚瑶莹, 曲江. 农村电商的"临安模式"[J]. 中国农民合作社, 2020 (8): 67-69.

[115] 郭红东, 曲江. 直播带货助农的可持续发展研究 [J]. 人民论坛, 2020 (20): 74-76.

[116] 郭红东, 周惠珺. 先前经验、创业警觉与农民创业机会识别——一个中介效应模型及其启示 [J]. 浙江大学学报 (人文社会科学版), 2013 (4): 17-27.

[117] 韩旭东, 杨慧莲, 郑风田. 乡村振兴背景下新型农业经营主体的信息化发展 [J]. 改革, 2018 (10): 120-130.

[118] 郝爱民, 谭家银. 数字乡村建设对我国粮食体系韧性的影响 [J]. 华南

农业大学学报（社会科学版），2022（3）：10-24.

[119] 何大安，任晓．互联网时代资源配置机制演变及展望 [J]．经济学家，2018（10）：63-71.

[120] 何宏庆．数字金融助推乡村产业融合发展：优势、困境与进路 [J]．西北农林科技大学学报（社会科学版），2020，20（3）：118-125.

[121] 何慧丽，邱建生，高俊，等．政府理性与村社理性：中国的两大"比较优势"[J]．国家行政学院学报，2014（6）：39-44.

[122] 何凌云，马青山．智慧城市试点能否提升城市创新水平？——基于多期 DID 的经验证据 [J]．财贸研究，2021（3）：28-40.

[123] 何欣，朱可涵．农户信息水平、精英俘获与农村低保瞄准 [J]．经济研究，2019，54（12）：150-164.

[124] 何宇鹏，武舜臣．连接就是赋能：小农户与现代农业衔接的实践与思考 [J]．中国农村经济，2019（6）：28-37.

[125] 何宗樾，张勋，万广华．数字金融、数字鸿沟与多维贫困 [J]．统计研究，2020（10）：79-89.

[126] 鹤见和子，川田侃．内発的発展論 [M]．東京：東京大学出版会，1989.

[127] 胡鞍钢，周绍杰．中国如何应对日益扩大的"数字鸿沟"[J]．中国工业经济，2002（3）：5-12.

[128] 胡丽，陈友福．智慧城市建设不同阶段风险表现及防范对策 [J]．中国人口·资源与环境，2013（11）：130-136.

[129] 黄祖辉．准确把握中国乡村振兴战略 [J]．中国农村经济，2018（4）：2-12.

[130] 简兆权，令狐克睿，李雷．价值共创研究的演进与展望——从"顾客

体验"到"服务生态系统"视角 [J]. 外国经济与管理，2016，38（9）：3-20.

[131] 江积海. 商业模式创新中"逢场作戏"能创造价值吗？——场景价值的理论渊源及创造机理 [J]. 研究与发展管理，2019，31（6）：130-154.

[132] 姜长云. 科学理解推进乡村振兴的重大战略导向 [J]. 管理世界，2018，34（4）：17-24.

[133] 卡斯特. 网络社会的崛起 [M]. 北京：社会科学文献出版社，2006.

[134] 康春鹏，董春岩，王文月，等. 我国农业农村大数据发展应用研究 [J]. 中国农业信息，2018，30（6）：100-104.

[135] 孔令池，张智. 基础设施升级能够促进企业家精神成长吗？——来自高铁开通和智慧城市建设的证据 [J]. 外国经济与管理，2020（10）：139-152.

[136] 李海舰，田跃新，李文杰. 互联网思维与传统企业再造 [J]. 中国工业经济，2014（10）：135-146.

[137] 李鸿磊，刘建丽. 基于用户体验的商业模式场景研究：价值创造与传递视角 [J]. 外国经济与管理，2020，42（6）：20-37.

[138] 李瑾，冯献，郭美荣. 我国农业信息化发展的形势与对策 [J]. 华南农业大学学报（社会科学版），2015（4）：9-19.

[139] 李瑾，冯献，郭美荣，等. "互联网＋"现代农业发展模式的国际比较与借鉴 [J]. 农业现代化研究，2018，39（2）：194-202.

[140] 李慢，马钦海，赵晓煜. 服务场景研究回顾与展望 [J]. 外国经济与管理，2013，35（4）：62-70.

[141] 李慢，张跃先. 网络服务场景对顾客契合的作用机理：一个非递归模

型 [J]. 财贸研究，2021（3）: 98-109.

[142] 李琪，唐跃桓，任小静. 电子商务发展、空间溢出与农民收入增长 [J]. 农业技术经济，2019（4）: 119-131.

[143] 李霞，戴胜利，李迎春. 智慧城市政策推进城市技术创新的机理研究——基于演化特征与传导效应的双重视角 [J]. 研究与发展管理，2020（4）: 119-131.

[144] 李晓静，陈哲，刘斐，等. 参与电商会促进猕猴桃种植户绿色生产技术采纳吗？——基于倾向得分匹配的反事实估计 [J]. 中国农村经济，2020（3）: 118-135.

[145] 李永友，王超. 集权式财政改革能够缩小城乡差距吗？——基于"乡财县管"准自然实验的证据 [J]. 管理世界，2020，36（4）: 113-130.

[146] 李智超. 政策试点推广的多重逻辑——基于我国智慧城市试点的分析 [J]. 公共管理学报，2019，16（3）: 145-156.

[147] 联合国教科文组织. 内源发展战略 [M]. 北京: 社会科学文献出版社，1988.

[148] 林海英，侯淑霞，赵元凤，等. 农村电子商务能够促进贫困户稳定脱贫吗——来自内蒙古的调查 [J]. 农业技术经济，2020（12）: 81-93.

[149] 刘清春，张莹莹，Lawell. 创新与收入不平等 [J]. 南方经济，2017（2）: 24-39.

[150] 刘天军，胡华平，朱玉春，等. 我国农产品现代流通体系机制创新研究 [J]. 农业经济问题，2013，34（8）: 20-25.

[151] 刘晓倩，韩青. 农村居民互联网使用对收入的影响及其机理——基于中国家庭追踪调查（CFPS）数据 [J]. 农业技术经济，2018（9）: 123-134.

[152] 鲁钊阳，廖杉杉. 农产品电商发展的增收效应研究 [J]. 经济体制改革，2016（5）: 86-92.

[153] 路征，张益辉，王坤，等. 我国"农民网商"的微观特征及问题分析——基于对福建省某"淘宝镇"的调查 [J]. 情报杂志，2015，34（12）: 139-145，132.

[154] 罗必良. 增长、转型与生态化发展——从产品性农业到功能性农业 [J]. 学术月刊，2021（5）: 54-64.

[155] 罗珉，李亮宇. 互联网时代的商业模式创新：价值创造视角 [J]. 中国工业经济，2015（1）: 95-107.

[156] 吕宾. 乡村振兴视域下乡村文化重塑的必要性、困境与路径 [J]. 求实，2019（2）: 97-108.

[157] 马荟，庞欣，奂云霄，等. 熟人社会、村庄动员与内源式发展——以陕西省袁家村为例 [J]. 中国农村观察，2020（3）: 28-41.

[158] 梅燕，鹿雨慧，毛丹灵. 典型发达国家数字乡村发展模式总结与比较分析 [J]. 经济社会体制比较，2021（3）: 58-68.

[159] 孟凡坤. 我国智慧城市政策演进特征及规律研究——基于政策文献的量化考察 [J]. 情报杂志，2020，39（5）: 104-111.

[160] 彭超. 数字乡村战略推进的逻辑 [J]. 人民论坛，2019（33）: 72-73.

[161] 彭新宇. 农业服务规模经营的利益机制——基于产业组织视角的分析 [J]. 农业经济问题，2019（9）: 74-84.

[162] 屈小博. 培训对农民工人力资本收益贡献的净效应——基于平均处理效应的估计 [J]. 中国农村经济，2013（8）: 55-64.

[163] 阮荣平，周佩，郑风田. "互联网＋"背景下的新型农业经营主体信息

化发展状况及对策建议——基于全国 1394 个新型农业经营主体调查数据 [J]. 管理世界，2017（7）：50-64.

[164] 阮文彪. 小农户和现代农业发展有机衔接——经验证据、突出矛盾与路径选择 [J]. 中国农村观察，2019（1）：15-32.

[165] 芮正云，方聪龙. 互联网嵌入与农村创业者节俭式创新：双元机会开发的协同与平衡 [J]. 中国农村经济，2018（7）：96-112.

[166] 邵占鹏. 农民网商网络空间表意能力的局限与反思 [J]. 西北农林科技大学学报（社会科学版），2019，19（2）：90-98.

[167] 沈费伟，袁欢. 大数据时代的数字乡村治理：实践逻辑与优化策略 [J]. 农业经济问题，2020（10）：80-88.

[168] 沈费伟. 乡村技术赋能：实现乡村有效治理的策略选择 [J]. 南京农业大学学报（社会科学版），2020，20（2）：1-12.

[169] 沈琼. 用发展新理念引领农业现代化：挑战、引领、重点与对策 [J]. 江西财经大学学报，2016（3）：81-90.

[170] 石大千，丁海，卫平，等. 智慧城市建设能否降低环境污染 [J]. 中国工业经济，2018（6）：117-135.

[171] 石大千，李格，刘建江. 信息化冲击、交易成本与企业 TFP——基于国家智慧城市建设的自然实验 [J]. 财贸经济，2020，41（3）：117-130.

[172] 苏岚岚，张航宇，彭艳玲. 农民数字素养驱动数字乡村发展的机理研究 [J]. 电子政务，2021（10）：42-56.

[173] 谭九生，任蓉. 大数据嵌入乡村治理的路径创新 [J]. 吉首大学学报（社会科学版），2017，38（6）：30-37.

[174] 谭章禄，方毅芳，吕明，等. 信息可视化的理论发展与框架体系构建

[J]. 情报理论与实践，2013，36（1）：16-19，32.

[175] 唐江桥，尹峻. 改革开放 40 年来城镇化背景下农村生态环境问题探析 [J]. 现代经济探讨，2018（10）：104-109.

[176] 唐琳. 乡村振兴中少数民族文化数字化保护和传承研究——5G 时代广西文化产业转型研究系列论文之一 [J]. 南宁师范大学学报（哲学社会科学版），2019，40（5）：85-91.

[177] 唐斯斯，张延强，单志广，等. 我国新型智慧城市发展现状、形势与政策建议 [J]. 电子政务，2020（4）：70-80.

[178] 涂剑波，陶晓波，杨一翁. 购物网站服务场景、共创价值与购买意愿——顾客契合的中介效应 [J]. 财经论丛，2018（12）：95-104.

[179] 万忠，方师乐. 乡村振兴战略视角下广东省不平衡不充分问题研究 [J]. 农业经济问题，2019（2）：117-124.

[180] 王宝义. 直播电商的本质、逻辑与趋势展望 [J]. 中国流通经济，2021，35（4）：48-57.

[181] 王惠林，洪明. 政府治理与村民自治的互动机制、理论解释及政策启示——基于"美丽乡村建设"的案例分析 [J]. 学习与实践，2018（3）：105-112.

[182] 王金杰，牟韶红，盛玉雪. 电子商务有益于农村居民创业吗？——基于社会资本的视角 [J]. 经济与管理研究，2019，40（2）：95-110.

[183] 王磊，但斌，王钊. 基于功能拓展的生鲜农产品供应商"互联网＋"转型策略 [J]. 商业经济与管理，2018（12）：5-17.

[184] 王敏，李亚非，马树才. 智慧城市建设是否促进了产业结构升级 [J]. 财经科学，2020（12）：56-71.

[185] 王胜，余娜，付锐.数字乡村建设：作用机理、现实挑战与实施策略 [J].改革，2021（4）：45-59.

[186] 王昕宇，黄海峰.我国农民网商的演进路径及发展对策 [J].中州学刊，2016（8）：41-44.

[187] 王艺璇，安真真.注意力经济：电商直播中消费者注意力的生产与控制 [J].中国青年研究，2021（2）：14-21.

[188] 王瑜.电商参与提升农户经济获得感了吗？——贫困户与非贫困户的差异 [J].中国农村经济，2019（7）：37-50.

[189] 魏后凯，刘长全.中国农村改革的基本脉络、经验与展望 [J].中国农村经济，2019（2）：2-18.

[190] 魏后凯.深刻把握城乡融合发展的本质内涵 [J].中国农村经济，2020（6）：5-8.

[191] 魏延安.农村电商：互联网＋三农案例与模式 [M].北京：电子工业出版社，2017.

[192] 吴本健，罗玲，马雨莲.数字普惠金融与乡村治理现代化：机制、创新模式与挑战 [J].农村金融研究，2020（4）：3-9.

[193] 吴标兵，林承亮.智慧城市的开放式治理创新模式：欧盟和韩国的实践及启示 [J].中国软科学，2016（5）：55-66.

[194] 吴俊杰，郑凌方，杜文宇，等.从风险预测到风险溯源：大数据赋能城市安全管理的行动设计研究 [J].管理世界，2020，36（8）：189-202.

[195] 吴瑶，肖静华，谢康，等.从价值提供到价值共创的营销转型——企业与消费者协同演化视角的双案例研究 [J].管理世界，2017（4）：138-157.

[196] 习近平 . 习近平致首届数字中国建设峰会的贺信 .[EB/OL]（2018-04-22）[2023-01-07]. https://www.gov.cn/xinwen/2018-04/22/content_5284936.htm.

[197] 夏昊翔，王众托 . 从系统视角对智慧城市的若干思考 [J]. 中国软科学，2017（7）: 66-80.

[198] 夏显力，陈哲，张慧利，等 . 农业高质量发展：数字赋能与实现路径 [J]. 中国农村经济，2019（12）: 2-15.

[199] 徐维祥，舒季君，陈国亮 . 中国"四化"同步发展时空演化格局、形成机理与模式选择研究 [M]. 北京：中国社会科学出版社，2017.

[200] 许竹青，郑风田，陈洁 ."数字鸿沟"还是"信息红利"？信息的有效供给与农民的销售价格——一个微观角度的实证研究 [J]. 经济学（季刊），2013（4）: 1513-1536.

[201] 姚曦，张梅贞 . 电商直播服务场景社会线索与消费者场景依恋研究——认同感和商业友谊的中介作用 [J]. 湖北大学学报（哲学社会科学版），2021，48（2）: 154-163.

[202] 叶云，汪发元，裴潇 . 信息技术产业与农村一二三产业融合：动力、演进与水平 [J]. 农业经济与管理，2018（5）: 20-29.

[203] 殷浩栋，霍鹏，汪三贵 . 农业农村数字化转型：现实表征、影响机理与推进策略 [J]. 改革，2020（12）: 48-56.

[204] 于法稳，黄鑫，岳会 . 乡村旅游高质量发展：内涵特征、关键问题及对策建议 [J]. 中国农村经济，2020（8）: 27-39.

[205] 于萍 . 移动互联环境下的服务场景、感官知觉及顾客反应——基于 4 家企业的案例分析 [J]. 财经论丛，2018（5）: 76-86.

[206] 袁方成 . 大数据技术在乡村治理中有很大的应用价值 [J]. 中国民政，

2018（10）：14.

[207] 昝梦莹，王征兵. 农产品电商直播：电商扶贫新模式 [J]. 农业经济问题，2020（11）：77-86.

[208] 曾亿武，蔡谨静，郭红东. 中国"淘宝村"研究：一个文献综述 [J]. 农业经济问题，2020（3）：102-111.

[209] 曾亿武，陈永富，郭红东. 先前经验、社会资本与农户电商采纳行为 [J]. 农业技术经济，2019（3）：38-48.

[210] 曾亿武，郭红东，金松青. 电子商务有益于农民增收吗？——来自江苏沭阳的证据 [J]. 中国农村经济，2018（2）：49-64.

[211] 曾亿武，郭红东. 农产品淘宝村集群的形成及对农户收入的影响研究——以江苏沭阳为例 [M]. 北京：中国农业出版社，2018.

[212] 曾亿武，郭红东. 农产品淘宝村形成机理：一个多案例研究 [J]. 农业经济问题，2016，37（4）：39-48，111.

[213] 曾亿武，宋逸香，林夏珍，等. 中国数字乡村建设若干问题刍议 [J]. 中国农村经济，2021（4）：21-35.

[214] 曾亿武，万粒，郭红东. 农业电子商务国内外研究现状与展望 [J]. 中国农村观察，2016（3）：82-93.

[215] 展进涛，黄宏伟. 农村劳动力外出务工及其工资水平的决定：正规教育还是技能培训——基于江苏金湖农户微观数据的实证分析 [J]. 中国农村观察，2016（2）：55-67，96.

[216] 张海鹏. 中国城乡关系演变 70 年：从分割到融合 [J]. 中国农村经济，2019（3）：2-18.

[217] 张红宇，张海阳，李伟毅，等. 中国特色农业现代化：目标定位与改

革创新 [J]. 中国农村经济, 2015 (1): 4-13.

[218] 张鸿, 杜凯文, 靳兵艳. 乡村振兴战略下数字乡村发展就绪度评价研究 [J]. 西安财经学院学报, 2020, 33 (1): 51-60.

[219] 张伦, 祝建华. 瓶颈效应还是马太效应? ——数字鸿沟指数演化的跨国比较分析 [J]. 科学与社会, 2013 (3): 106-120.

[220] 张庆民, 孙树垒, 吴士亮, 等. 淘宝村农户网商群体持续成长演化研究 [J]. 农业技术经济, 2019 (1): 121-134.

[221] 张秋梅. 传统产业集群与电子商务深度融合的政策建议——以泉州市为例 [J]. 青岛农业大学学报 (社会科学版), 2018 (2): 45-51.

[222] 张蔚文, 金晗, 冷嘉欣. 智慧城市建设如何助力社会治理现代化? ——新冠疫情考验下的杭州"城市大脑" [J]. 浙江大学学报 (人文社会科学版), 2020, 50 (4): 117-129.

[223] 张文明, 章志敏. 资源·参与·认同: 乡村振兴的内生发展逻辑与路径选择 [J]. 社会科学, 2018 (11): 75-85.

[224] 张勋, 万广华, 张佳佳, 等. 数字经济、普惠金融与包容性增长 [J]. 经济研究, 2019, 54 (08): 71-86.

[225] 张银, 李燕萍. 农民人力资本、农民学习及其绩效实证研究 [J]. 管理世界, 2010 (2): 1-9.

[226] 张在一, 毛学峰. "互联网＋"重塑中国农业: 表征、机制与本质 [J]. 改革, 2020 (7): 134-144.

[227] 张兆曙. "互联网＋"的技术红利与非预期后果 [J]. 天津社会科学, 2017 (5): 48-55.

[228] 赵大伟, 景爱萍, 陈建梅. 中国农产品流通渠道变革动力机制与政策

导向 [J]. 农业经济问题，2019（1）：104-113.

[229] 赵涛，张智，梁上坤. 数字经济、创业活跃度与高质量发展——来自中国城市的经验证据 [J]. 管理世界，2020，36（10）：65-76.

[230] 赵霞，韩一军，姜楠. 农村三产融合：内涵界定、现实意义及驱动因素分析 [J]. 农业经济问题，2017，38（4）：49-57，111.

[231] 赵晓飞，田野. 农产品流通渠道变革的经济效应及其作用机理研究 [J]. 农业经济问题，2016，37（4）：49-57.

[232] 赵晓峰，马锐. 乡村治理的理论创新及其实践探索——"落实乡村振兴战略，推进乡村治理体制机制创新"研讨会综述 [J]. 中国农村经济，2019（2）：131-136.

[233] 周利，冯大威，易行健. 数字普惠金融与城乡收入差距："数字红利"还是"数字鸿沟" [J]. 经济学家，2020（5）：99-108.

[234] 朱红根，陈晖. 中国数字乡村发展的水平测度、时空演变及推进路径 [J]. 农业经济问题，2023（3）：21-33.

[235] 朱秋博，白军飞，彭超，等. 信息化提升了农业生产率吗？[J]. 中国农村经济，2019（4）：22-40.

后　记

随着数字技术的迅猛发展，农业农村信息化不断推向纵深。建设数字乡村已成为全球共识，各国陆续实施数字乡村战略。例如，德国制定了《农业数字政策未来计划》，日本开展了"基于智能机械＋智能 IT 的下一代农林水产业创造技术"项目，欧盟为了推动智慧乡村发展成立了智慧乡村工作委员会。近年来，我国密集出台了《数字乡村发展战略纲要》《数字农业农村发展规划（2019—2025 年）》《数字乡村发展行动计划（2022—2025年）》《"十四五"全国农业农村信息化发展规划》等重要文件，强调数字乡村建设是实现乡村振兴的重要举措，是实现农业农村现代化的重要途径，并对如何推进数字乡村建设进行了全面部署。

目前我国数字乡村建设尚处于早期探索阶段，整体发展水平还不高，试点经验仍在积累当中。相比智慧城市建设以及欧美发达国家的农业农村数字化发展而言，目前我国数字乡村建设还存在投入不足与资源浪费并存、发展不平衡的问题相当突出、样板试点工作误区较多、多元主体协同机制缺失等短板和问题，亟待纠偏、完善和提升。又好又快发展数字乡村，需要各界的共同努力。其中，学界应加大对数字乡村建设的理论研究力度，挖掘数字乡村建设的客观规律，提升对数字乡村建设的认识，审视各地的数字乡村建设状况，总结和传播成功经验，反思实践误区、存在不足和失败教训，为我国数字乡村建设的实践发展提供科学的理论指引和有益的政策启示。

2015年3月2日，浙江大学中国农村发展研究院（英文简称"CARD"）挂牌成立"浙江大学CARD中国农村电商研究中心"，我担任该研究中心主任。此后我们对"淘宝村""县域电商""直播电商"等新事物和新现象进行了一系列研究，取得了一些不错的成果，形成了一系列研究成果，部分内容曾刊发于国内权威期刊。随着数字乡村发展战略的实施，我们的视野和关注点不再局限于农业农村电子商务，而是随客观形势的变化，跳出农业农村电子商务，放眼到整个农业农村数字化转型的全局。过去三年，我们团队对数字乡村建设开展了一些初步的理论研究，进行了大量的实地考察，在此基础上形成了本书。本书介绍数字乡村建设的理论与实践，包括理论研究（第一章至第六章）、浙江实践（第七章）和总结展望（第八章）三个部分。理论研究部分以数字乡村建设概论为起点，阐述数字乡村建设的战略意义、概念框架、理论逻辑和基本路径，接着分别从数字赋能、直播电商价值重构、电子商务参与、大数据产品使用、智慧城市建设等视角入手，探讨数字乡村建设与乡村振兴、数字乡村建设与农产品上行、数字乡村建设与小农发展、数字乡村建设与农户数字红利、数字乡村建设与城乡数字鸿沟等前沿议题。浙江实践部分首先介绍浙江数字乡村建设的主要举措和总体进展，接着围绕乡村产业、治理和服务的数字化，收集了20个典型案例，着重介绍其主要做法和发展成效，最后指出浙江数字乡村建设存在的问题和不足，提出相应的提升路径和建议。总结展望部分归纳本书主要结论，并对数字乡村建设的未来研究进行展望。

　　本书由我、曾亿武和曲江共同完成。我的博士研究生秦秋霞、刘晔虹，硕士研究生牛艳华和项攀潼也为本书做出了贡献，在此表示感谢！同时还要感谢浙江省互联网信息办公室、浙江省发展和改革委员会、浙江省经济和信息化厅、浙江省农业农村厅等单位对我们案例收集和研究的大力支持！

　　希望本书能为同行学者开展研究提供参考，为政府制定政策提供借鉴，为各地基层实践提供启发。限于能力，本书难免有疏漏和不足之处，敬请读者批评指正。

郭红东

2022 年 12 月 22 日于浙大紫金港